Inhaltsverzeichnis

Bodhidharma,
von Seki Yuho Roshi

Vorwort

Im Zentrum der *Zen*-Übung steht das Sitzen in Stille.

Die innere Stille, also die Stille des Geistes und den Frieden des Herzens zu erlangen ist allerdings – wie Buddha sagt – nicht leicht. Aber dies erstrebenswerte Ziel lohnt große Anstrengung und den vollen Einsatz unserer Persönlichkeit!

Diese Stille wird dich nicht ängstigen, sie wird dein Herz erquicken und deine Nerven entspannen. Diese Stille hat eine besondere Qualität, sie ist anders als die bedrückende Stille des Friedhofs, sie ist vielmehr die Stille eines Felsens inmitten der Brandung des Lebens.

Wie mein erster Meister Tetsuo Nagaya Roshi sagte, geht es in der Übung des *Zazen* darum, vom Hören zum Lauschen und vom Sehen zum Schauen zu kommen. Sehen und Hören sind wichtige Fähigkeiten unseres Körpers, Schauen und Lauschen hingegen sind grundlegende Eigenschaften unseres Herzens.

So lernst du zum Wohle aller Menschen – und darüber hinaus zum Wohle aller lebenden Wesen – Unscheinbarkeit und Bescheidenheit vor die wirkliche Anmut deiner Buddha-Natur zu setzen. Vielleicht musst du eine ganze Weile mit vollem Einsatz nach deinem inneren Schatz graben, hast du ihn jedoch einmal gefunden, so wirst du seinen Glanz sofort erkennen.

Zen fordert dich auf, die Last der Vergangenheit und die Sorgen um die Zukunft zu vergessen. Lebe friedlich und mit klarem Geist in der Gegenwart. Dann birgt jeder Augenblick die Chance, dass du ein hervorragender *Zen*-Schüler sein wirst! So wirst du in deinem Alltag – auch in deinem beruflichen Dasein – von der bloßen Reaktion auf Geschehnisse zur dein Leben sinnvoll und befriedigend gestaltenden Aktion kommen!

Hierzu fordern dich *Zen* und auch die beiden äußerst sachkundigen und erfahrenen Autoren dieses Buches auf.

Ich wünsche dir von ganzem Herzen, dass die Übung des *Zazen* zu einem wesentlichen und unverzichtbaren Teil deines Alltags werden möge. Ich möchte dir mein buddhistisches Lieblingszitat aus einem chinesischen Text des 7. Jahrhunderts mit auf den Weg geben, das für mich immer wieder Ansporn für die Bemühung ist, mein Leben entsprechend auszurichten:

»So grenzenlos wie der Himmel soll mein Erbarmen sein mit allen fühlenden Wesen. Der gelassene Sinn soll frei sein und nicht haften an den Dingen dieser Welt.

Gleichwie die Lotosblüte lieblich und unbefleckt aus dem Schlamm sich erhebt, so soll mein Meditieren sein, wenngleich ich auch in dieser Welt der Täuschungen lebe. Mit also gereinigtem Sinn will ich dem Heiligen huldigen. Mögen alle Wesen glücklich sein und Frieden finden.«

Rei Shin Bigan Roshi (Wolf-D. Nolting)

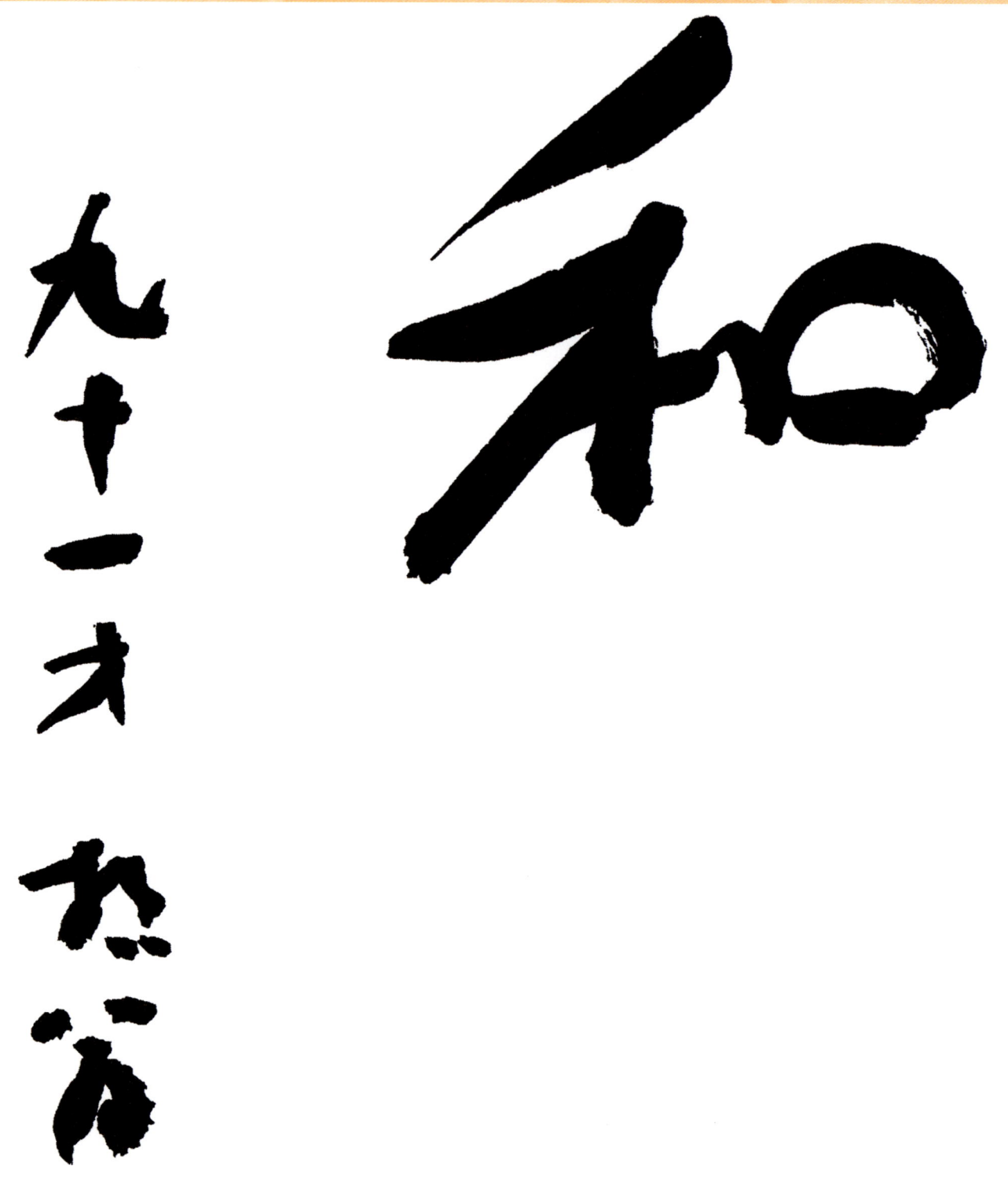

和

九十一才　お一滝

Wa – Harmonie

Zen-Geist im Alltag

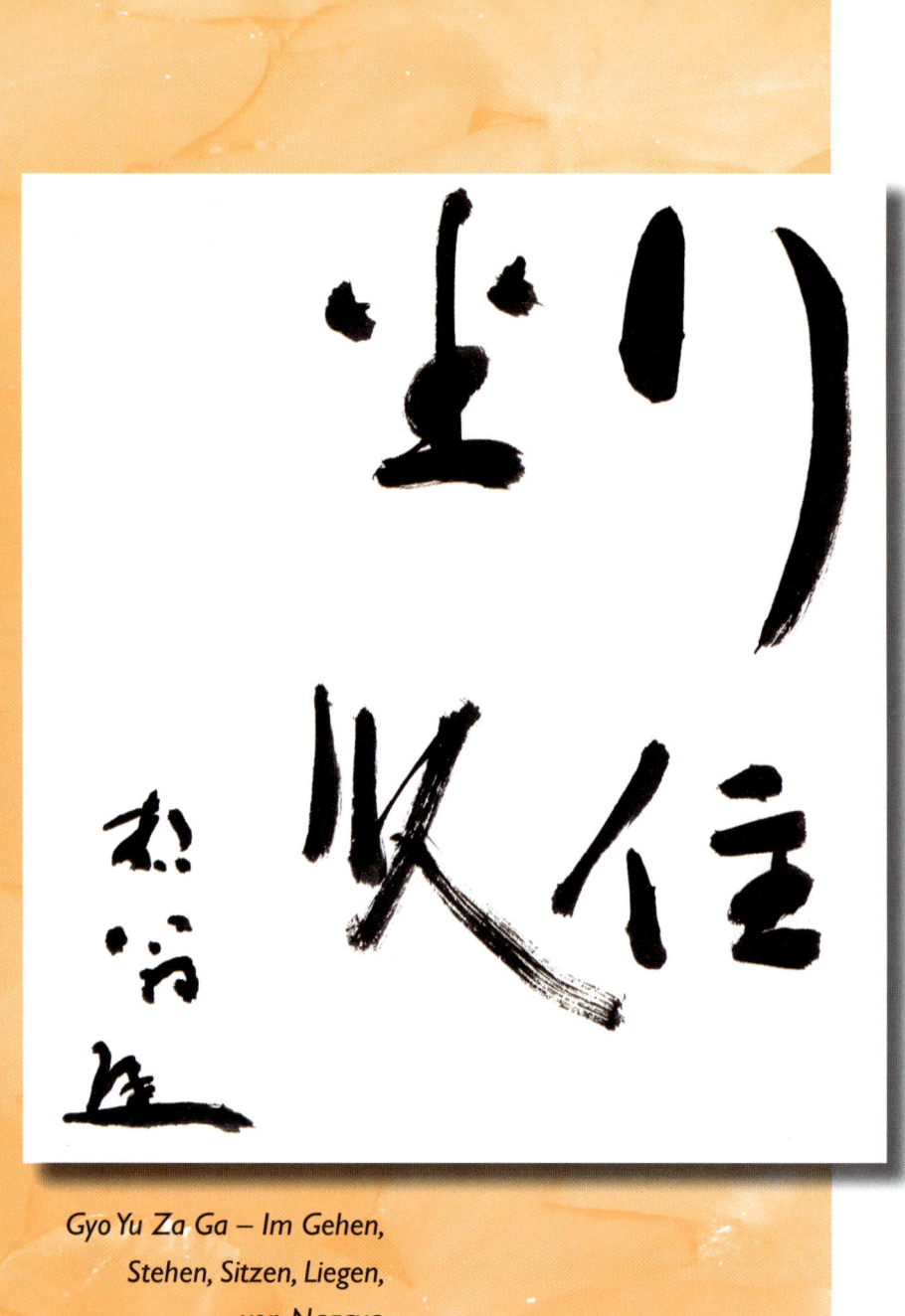

Gyo Yu Za Ga – Im Gehen,
Stehen, Sitzen, Liegen,
von Nagaya

Was ist Zen?
Eine Lawine – aufwärts!

Zen, das japanische Wort für Meditation oder Versenkung, kommt von dem chinesischen Wort *»Chan«,* welches wiederum abgeleitet ist vom indischen Sanskritwort *dhyana*.

Damit ist auch der Weg dieser Übung angesprochen:

Vom historischen Buddha in Indien und dessen Leben und Lehre im 6. Jahrhundert v. Chr. bis zu Bodhidharma, dem ersten Patriarchen, der im 6. Jahrhundert unserer Zeitrechnung den Jangtsekiang auf seiner Reise von Indien nach China überquerte, »auf einem Schilfblatt stehend«, wie die Legende berichtet.

Bevor er dann die berühmten neun Jahre im Kloster Shaolin auf dem Berg Sung-shan »der Wand gegenüber« sitzend meditierte (japanisch: *Menpeki* als Synonym für *Zazen),* kam es zu der historischen Begegnung mit dem Kaiser Wu-Ti von Liang (502–530), der sich von dem »weisen Fremdling, der aus dem Westen kam«, gern seine unstrittigen Verdienste um seine friedvolle Herrschaft im Lande bestätigen lassen wollte. Doch auf des Herrschers Frage nach dem höchsten Sinn der heiligen Wahrheit antwortete der Fremde nur:

»Große offene Weite – nichts von heilig«, was zum Grundwissen des späteren **Zen** zählen sollte.

Als der religiös gebildete Kaiser sich damit aber nicht zufriedengab und weiter fragte:

»Und wer ist es, der vor mir steht?«, antwortete Bodhidharma (japanisch *daruma*) ihm konsequent **Zen**-gemäß: »Ich weiß es nicht, Majestät« – er hatte sich selbst bereits vergessen.

An diese Begebenheit erinnert auch ein chinesisches Gedicht:

Tritt er in den Wald, so bewegt sich kein einziges Gras.
Taucht er in das Wasser ein, so bildet sich keine einzige Welle.
Niemand bemerkt ihn, weil er von sich selbst keine Notiz nimmt.

Zen ist eine heute noch, insbesondere in Japan, dank ununterbrochener Überlieferung praktizierte Art und Methode der Meditation, die vor allem in den zahlreichen **Zen**-Klöstern, aber auch in Laiengemeinschaften, ausgeübt wird. Das stille Sitzen in der aufrechten Haltung des Lotos- oder

Buddha-Sitzes im *Zazen* steht, oder besser gesagt: sitzt, hierbei im Mittelpunkt der Übung.

Solcher konsequent aufrecht-geraden Haltung des Körpers möge, so wird gesagt, schließlich auch die Lotrechte des Geistes folgen, die es dann allerdings auch in jeglicher Phase des Lebens möglichst beizubehalten gilt.

Gyo – Yu – Za – Ga – im Gehen, Stehen, Sitzen, Liegen – in jeder Art von körperlicher Haltung, Betätigung oder Bewegung soll möglichst die gesammelte Gelassenheit und heiter-gelöste Konzentration aus der Stille des *Zazen* als die in der Mitte versammelte Kraft der Ruhe *(Seijaku)* mit hinübergenommen werden; hinüber in die Unruhe und Bewegtheit eines täglichen, tätigen und geschäftigen Alltags mit all seinen Anforderungen an Körper und Geist. Diesem ist damit dann zusätzlich eine andere, meditativ geprägte Dimension und Grundstimmung zu eigen. Hierin deutet sich schon eine sehr wesentliche, stark praxis- und übungsorientierte Richtung von *Zen* an.

Zen ist zwar ein religiöser, ein spiritueller Weg, aber keine Religion. *Zen* gründet zwar im Buddhismus und verbindet buddhistische Metaphysik mit taoistischer Naturmystik, ist jedoch selbst konfessionell ungebunden und überkulturell. *Zen* ist keine Theologie oder Philosophie, sondern eine Lebenshaltung, eine gelebte, eine zu lebende Übung – eine Methode und ein Weg *(Do)* zu Mehr-Mensch-Sein, ein meisterlicher Weg zur wahren Menschlichkeit.

Zen vermittelt keinen Glauben, kein Dogma und auch kein theoretisches Wissen, sondern eine Übungsform zur Reinigung von Herz und Geist durch Handlung und Haltung im gelebten Alltag. Auf diesem Weg gilt es, immer nur den nächsten Schritt zu machen, ohne zu spekulieren, wohin er wohl führen möge.

Auch Friedrich Nietzsche wusste dazu:

»*Es gibt auf dieser Welt einen einzigen Weg, den nur du allein gehen kannst. Wohin er führt? Frage nicht, geh ihn!*«

Dies entspricht ganz der Grundweisheit des Laotse:

»*Der Weg ist das Ziel.*« Und: »*Das Alltägliche ist der Weg.*«

Zen geht über Ratio und Logik hinaus und ist damit intellektuell nicht erfassbar, sondern nur existentiell vollziehbar in der Gelebtheit eigener Erfahrung, die das Bild, das sie hält, nicht kennt. Und dennoch zeigt gerade die im Werden der Soheit entstandene Erscheinung eines Erfahrenen (oder Erwachten im Sinne von *Kensho* oder *Satori*, der Erleuchtung) untrügliche Zeichen von gelebter, gezeigter, gezeitigter Vor-Bild-Haftigkeit im Sinne von rechtem Mensch-Sein. So jemand ist richtiggehend von diesen Merkmalen gezeichnet.

Mag damit schon angedeutet sein, wie schwierig es ist, solch einen Weg in die Weglosigkeit zu gehen oder auch nur zu beschreiben, so gilt es dennoch festzuhalten, dass die Grenzen des Intellekts ausgeschritten werden müssen, bevor sie transzendierbar sind – zum Denken des Nichtdenkens.

Auch wenn *Zen* eigentlich nicht im normalen Sinne erlernbar oder lehrbar ist, so will dieses Buch doch einen Versuch zur Vermittlung einer Erfahrung und Wegweisung wagen.

Der Weg kann schließlich nur vom Einzelnen selbst begangen werden, der sich auf das Wagnis der Heimkehr zu sich selbst einlässt, der Einkehr im hauslosen Haus des eigenen Herzens – dem einzig wahren und wirklichen Zielort im ortlosen Nirgendwo des jeweiligen Jetzt.

Weder Wissen noch Weisheit begleiten den *Zen*-Weg, der nur in der Verwirklichung der Wahrheit des eigenen Herz-Geistes beschritten werden kann. Damit es dazu kommt, bedarf es des Eintretens in die absolute Ausweglosigkeit der heiligen Halle des eigenen Herzsaales, der vom Schmutz des egoistischen Ich und seiner Wunschvorstellungen völlig entleert und gründlich gereinigt ist. Somit entsteht Raum für das wirklich Freie und Selbstlose am Wesentlichen, für Alles und Nichts – und wieder Nichts.

Wie schon an anderer Stelle zum Wesen des *Zen* formuliert wurde: *Zen* ist ein potenziert-potenzieller Weg.

Und was ist das? … Eine Lawine – aufwärts!

Und was bedeutet das?

Der *Zen*-Weg führt direkt und mitten hinein in die Logik des Widersprüchlichen, die allem Mensch-Sein eigen ist. Sie kann nur von innen – aus dem Herzgeist heraus – transzendiert und gelebt werden und macht die *Koan*-gemäße Rätselhaftigkeit allen Seins erklärlich und erträglich.

Ein Koan (Meditationsaufgabe): In der Regel eine paradoxe Kurzgeschichte, mit welcher der Geist zum Denken animiert wird, wobei der Übende letztlich immer wieder einsehen muss, dass ein Koan nicht allein mit dem Intellekt zu entschlüsseln ist. Durch eine solche paradoxe Aufgabe soll der Übende bis an die Grenzen seines Denkens geführt werden, denn die echte Zen-Erfahrung liegt jenseits dessen. Hier wird auf die Eigenschaft eines Koan als Paradoxon angespielt.

Za – Sitzen, von Nagaya

Das Ziel

Zen ist ein Training zur radikalen Selbstverantwortlichkeit. Wer den Weg des *Zen* beschritten hat, der geht über den Gebrauch von Begriffen wie Schuld, Sühne, Sünde und Gnade in seinem eigenen Bewusstsein hinaus. Stattdessen tritt an diese Stelle des Weltbildes die Einstellung:

»Ich bin das Zentrum meiner Welt. Ich setze die Ursachen für meine Lebenssituation. Die Welt, in der ich lebe, ist mein Produkt. Ich bin der Schöpfer meiner Welt – aber auch meiner Apokalypse.«

Jeder, der sich den Übungen des *Zen*-Trainings kontinuierlich und konsequent unterzieht, kommt früher oder später, je nach persönlichem Einsatz, zum Selbst-Verständnis von: »Ich bin meine Welt.«

Diese Geisteshaltung stellt uns in das Zentrum des eigenen Bewusstseins – infolgedessen duldet dieses Bewusstsein nicht die geringste Entschuldigung oder Schuldabwälzung für eigene Nachlässigkeiten, Probleme, Katastrophen, Unglücke und Miseren.

»Ich und nur ich bin ursächlich für alles, was mir geschieht, und trage dafür die volle Verantwortung!« So beginnt der Weg des *Zen*.

Ein solches Bewusstsein, das sich an der Wirklichkeit orientiert und frei von Selbst-Täuschungen erstrahlt, ist kein Zufallsprodukt, sondern muss kontinuierlich aufgebaut werden. *Zen* geht von der Grundannahme aus, dass in jedem Menschen, der ernsthaft übt, die Fähigkeit steckt, sich aus Verstrickungen und Unwissenheit durch eigene Kraft zu befreien. Zugegeben, dieser Übungsweg braucht Zeit, wie auch Eichen nur langsam wachsen, aber es lohnt sich, ja, schon der erste Schritt ist voller lohnender Wandlungen zum Besseren hin.

Ganz nebenbei erwachsen aus einem solchen Selbst-Bewusstsein wunderbare Voraussetzungen für jeden, der andere führen, lehren oder anleiten möchte, aber auch für solche, die als Lehrer, Therapeuten oder Kreative ihren Beitrag zum Besten des Ganzen leisten wollen.

Vornehmlich entstehen aus diesem Selbst-Bewusstsein aber Ethik, Ausdauer, Achtsamkeit, Kraft und Kontinuität zur Bewältigung von Anforderungen und Problemen.

Das Training

Beim *Zen* handelt es sich um eine körperlich-geistige Übung, bei der zunächst der körperliche Aspekt in den Vordergrund gerückt wird. Das Hauptaugenmerk liegt auf dem *Zazen*, was ungefähr bedeutet: »Sitzen in Stille« oder »Sitzen in Versenkung«.

Das Prinzip lautet: Wenn der Körper aufrecht sitzt, kann auch der Geist aufrecht sein.

Dieses Training wird von *Zen*-Laien möglichst einmal am Tag geübt, während *Zen*-Mönche und -Nonnen es tagaus, tagein üben – je öfter und länger, desto besser. Das Ziel des körperlichen Trainings ist, den Geist leer zu machen – frei von allen Vorstellungen, die der Wirklichkeit tatsächlich nur vorangestellt sind. Erst wenn der Geist frei von konkreten Ansichten ist, begegnet er der Wirklichkeit direkt.

Direktes, unverstelltes und intuitives Erkennen der Wirklichkeit ist das Ziel des *Zen*-Trainings. Damit wir das große lohnende Ziel erreichen – so, wie andere vor uns es auch erreicht haben –, ist das Training manchmal sehr hart, manchmal sogar unerträglich hart.

Aus dieser Schau des Wesens der Wirklichkeit ergibt sich in der Folge intuitives und unverstelltes Handeln, ohne dass ein störender Gedanke zwischen Erkenntnis und Tat tritt.

Ausschnitt aus
The Sound of Hoko-Ji Temple
von Tschampa Lamo

Wie frisches Wasser

Zen-Training heißt permanentes Training der Form.

In einem japanischen Kloster wird man ständig dazu angehalten und damit beschäftigt, eine Verbeugung, eine Handhabung, eine Rezitation oder eine Zeremonie noch schneller, noch besser, noch präziser einzuüben. Geschult wird konsequent und ohne Unterlass.

Zunächst ist da der Körper. Wie ist die Handhaltung, wie setzt man einen Fuß vor den anderen, wie weit beugt man den Rücken, und in welchem Winkel hält man die Hände?

Unablässig werden unverständliche japanische oder chinesische Texte gelernt und immer schneller, bis zu einer rasenden Geschwindigkeit, rezitiert. Wieder und wieder wird man aufgefordert, *Sutren* zu lernen, chinesische Schriftzeichen nachzumalen und alsbald die einzelnen Schritte der Teezeremonie nebst Benennung sämtlicher Utensilien im Gedächtnis zu behalten. So unablässig wie die körperliche Geschmeidigkeit geübt wird, genauso stetig wird der Geist gefordert.

Mit dem Klang des Schlagbretts *Moku-han* werden die Mönche zur Morgendämmerung geweckt, auf die Lehrrede *Teisho* des Meisters vorbereitet und in die Abenddämmerung geführt. Das geschieht in einem überlieferten Rhythmus aus präzise und schnell angesetzten zweihundertzwei Schlägen.

Nach einiger Zeit der Übung tut einem alles bloß noch weh! Der Körper, dem die Glieder schmerzen, die Fußsohlen, die auf den Holzplanken aufreißen. Der Geist reagiert mit Widerwillen und einem *»Nein!«* auf die Anforderungen und Anfeuerungen.

Oft gibt ein Anfänger in solchen Situationen das *Zen*-Training auf. So verlassen viele Novizen resigniert den Tempel oder das Kloster. Sie behalten ihre festen Prinzipien, die ihnen bisher recht und schlecht durchs Leben halfen, und sie gehen so steif, wie sie kamen.

Steht man jedoch die harte Zeit durch, bleibt weiter im Kloster und stellt sich dem Training, so merkt man nach und nach, von Tag zu Tag mehr, dass Körper und Geist immer geschmeidiger werden. Der Körper lernt, sich zu beugen und zu strecken, die Füße schneller voreinander zu setzen, die Bewegungen mit dem Atem zu koordinieren, den Putzlappen mit dem richtigen Tempo über die Holzplanken zu führen.

Wie kommt das? Weil der Geist genauso geschmeidig geworden ist, reagiert er nicht mehr mit dem störrischen *»Nein!«*. Der Widerwille nimmt ab. Immer öfter agiert man in der jeweiligen Situation spontan, wach und klar. Man fließt mit, man ist im *flow*, wie frisches Wasser, das in jede Form fließen kann. Das ist der klare, wache, kühle »Wasser-Geist«. Die besondere Erkenntnis kommt dann erst: Der Geist fließt nämlich auch wieder aus der Form heraus. Er bleibt nicht in der momentanen Gestalt, er bleibt immer nur im Fluss und damit sich selbst treu.

Das ist erlebte Freiheit. Formen werden angenommen und wieder verlassen. Das ist die Freiheit der Trainierenden. Die Form ist kein Zwang mehr, sondern willkommen, nur noch Übergang, um in die jeweils nächste Form zu fließen.

Formen, Gestalten, Situationen, Menschen sind nicht länger Hindernisse, sondern bieten dem Geist immer neue Möglichkeiten, in diese hinein- und vor allen Dingen wieder hinauszufließen und wieder und wieder neue Gestalt anzunehmen. Das ist ein Geist im Bewusstsein des *Guten Tag und Auf Wiedersehen* – permanent und ohne anzuhalten –, ohne Anhaften am Althergebrachten.

Menschen solcher Geisteshaltung sind Kreative und Künstler, Erfinder und Pioniere, es sind Sportler oder Unternehmer, die sich dem Wettkampf stellen. Hier beginnt persönliche Freiheit, die mit Begeisterung zur individuellen Meisterschaft führt. Das ist der Zugang zu einem höheren Bewusstsein mit einer neuen Qualität.

Für manch einen Untrainierten ist die Anwesenheit eines derart befreiten Menschen ein so erstaunliches Schauspiel, dass er zur Nachfolge bereit ist, ohne um die Hintergründe zu wissen – ohne die Gründe für seine andere Soheit zu hinterfragen.

(Ein Sutra (Sanskrit: Faden, Leitfaden; Pali: Lehrrede) ist eine knapp formulierte Lehrrede, welche die wichtigsten Inhalte ursprünglich umfangreicher Texte in wenigen Worten wiedergibt. Die ältesten indischen Texte wurden mündlich tradiert. Sutren stellen das Ergebnis von Bestrebungen dar, vollständige Texte in ihrer Quintessenz zu überliefern. Für Schüler sind die Sutren eine Gedächtnisstütze zu umfassenderen mündlichen Erläuterungen.)

Mit dem Atem fließen

Hier ein kurzer, aber aufschlussreicher Test, mit dem du sofort prüfen kannst, ob du Zugang zu deiner Mitte hast:

»Wenn du jetzt deinen Atem dreißig Sekunden lang anhalten kannst, dann hast du!«

Der Atem ist der ganz konkrete Lebensstrom der Wirklichkeit. Das beginnt mit dem ersten Klaps auf den Hintern, wenn wir zur Welt kommen, und geht bis zur letzten Sekunde, in der wir den Atem aushauchen.

Jede ernsthafte Selbstbetrachtung, sei es Meditation, bloße Entspannung oder autogenes Training, bedient sich des Atemflusses. Das Mittel jeder meditativen Versenkung ist die Bewusstwerdung und Beobachtung des Atems. Bei einer Vielzahl von Meditationen wird sogar – anders als im *Zen* – auf das Atmen gezielt Einfluss genommen. Der Atem ist auch Grundlage der Mantrameditation und der Rezitation.

Atmen begleitet uns meist unbewusst und stetig durch den Alltag. Atmen kann jedoch auch in den Fokus metaphysischer Betrachtung gestellt werden und körperliche und geistige Wirkung entfalten. Unser Atemstrom kann leicht und an der Oberfläche sein, er kann aber auch mehr in die Tiefe gehen, und er kann als Bauchatmung bis tief ins Becken dringen (so empfindet man es jedenfalls).

Der Atem und das Meer lassen sich schön vergleichen, denn beide landen in Wellen an. Das Wasser kann in leichten, flachen Wellen aufspülen, es kann mächtig mit schaumgekrönten Wellenkämmen mit der Flut an die Küste drängen, und es kann in schweren Brandungsbrechern auf die Felsen krachen.

Jeder, der schon einmal eine Weile auf einer Düne saß und das Meer beobachtete, weiß, wie beruhigend und wie reinigend allein diese Erfahrung sein kann. In der Meditation hat der Atem einen solchen Effekt.

Ziel der ersten Anfängerübung im *Zen* ist, einzig und allein den Atem zu beobachten. Dabei ist eine erstaunliche Variantenvielfalt zu erleben:

Manchmal bleibt er im Halse stecken, oder er dringt tiefer in die Brust ein, oder später, wenn man sich beruhigt hat, strömt er bis ganz tief in den Bauch und löst das Gefühl aus, die persönliche Mitte zu spüren. Im Japanischen wird dieser Bereich *Hara* genannt.

Das Hara ist das Zentrum, aus dem heraus der *Zen*-Übende handelt. Es ist die Zentrierung und der Ort, an dem die Kraft entsteht. Jeder, der eine japanische Kampfsportart betreibt, kennt diesen Punkt – um ihn herum und aus ihm heraus entstehen sämtliche Techniken.

Zunächst einmal richtet man seine ganze Aufmerksamkeit auf den *Hara*-Punkt, der sich etwa zwei Fingerbreit unter dem Nabel befindet. Später, wenn es dann leichter fällt, des Hara-Punktes gewahr zu bleiben, wird man dem Fluss des Atems folgen und dessen Ein- und Ausströmen beobachten. Dieser Strom ist es, der uns sowohl die Wahrnehmung von Innen und Außen als auch bei weiterer Beobachtung die Aufhebung dieser beiden Räume ermöglicht, die nur im Bewusstsein bestehen. Dann tritt so etwas wie eine Gleichheit von Außen und Innen ein, das Bewusstsein erweitert sich, die Grenzen verschwinden – es gibt kein Innen und kein Außen mehr. Man erlebt die Gleichheit von Außen und Innen, die Aufhebung der Räume, man ist Innen und Außen gleichzeitig, man ist nur noch der Wahrnehmende, das Wahrzunehmende und die Wahrnehmung gleichermaßen.

Die nächste Vertiefungsstufe führt in die Gefühle, es entsteht eine erstaunte Dankbarkeit für das Geschehen zwischen Innen/Außen und Ich/Du. Es erwächst eine neue Achtsamkeit und Achtung vor dem, was ist, und vor mir selbst, denn ich bin das alles. Natur und Ich werden ein und dasselbe – was ich mir antue, tue ich allen an. Die Verantwortung der Welt gegenüber wird zur persönlichen Angelegenheit.

Wenn man weiter dem Atemstrom folgt, sinkt man immer tiefer ein in das Fließende, das einen jeden Moment voll und ganz erfüllt. Es entstehen Begrifflichkeiten wie »bewegte Stille«. Stille und Bewegung sind gleichzeitig da, und der unendliche Strom des Lebens wird durch wache Wahrnehmung des Atemflusses jeden Moment zutiefst erlebt. Aus diesem Erleben entwickelt sich dann der Geist, der frei ist, der ohne Anhaften ist, der bereit ist, in neue Formen des Denkens zu fließen.

Nagaya Roshi sagt dazu:

»Haltung, Atem, Geist – still, wach, lebendig! Das Hara soll atmen – alles kommt von selbst – nicht machen. Erst alles Schlechte ausatmen. Ganz leer werden. Oberkörper gut strecken, dann haben wir bei der Atmung keine Stauung. Wenn Sie das gelernt haben, können Sie jederzeit das wahre Leben leben: Wenn essen, nur essen; wenn schlafen, nur schlafen; wenn arbeiten, nur arbeiten.«

Dieser eine Atemzug

Ein **Zen**-Meister sagte:

»Nachdem dein Atem eingeströmt ist und bevor er wieder aufsteigt, achte die Wohltat.«

Was genau könnte dieser **Zen**-Lehrer meinen, wenn er gerade auf den Moment hinweist, der zwischen Ein- und Ausatmen liegt? Was geschieht in diesem Moment? Biologisch betrachtet geht Folgendes vor sich: Osmose, Gasaustausch, Verbrennung, Energieumwandlung – Leben schlechthin.

Tun wir einmal so, als meinte der alte **Zen**-Meister jeden beliebigen Prozess des Ein- und Ausströmens. Wir wechseln also einfach die Projektionsebene in der Dynamik dessen, was lebendig scheint.

- Viele Menschen gehen morgens in die Firma und abends wieder nach Hause. Die Wohltat liegt dazwischen, in dem, was sie zwischen Kommen und Gehen tun. Wie jemand kommt und wie er geht, ist weniger wichtig für einen Chef oder Kunden, aber was er in der Zwischenzeit macht, darauf kommt es an.
- Der Motor unseres Autos funktioniert dann gut, wenn er in der Minute 4000 Mal kraftvoll dreht. 4000 Mal ansaugen, verdichten, zünden, explodieren, Energie freisetzen, ausströmen. Die Energie im Augenblick der Zündung ist es, die wir nutzen.
- Einige Leute nehmen wohl wissend in Kauf, in kilometerlangen Staus zu stehen, um an ihr Urlaubsziel zu gelangen. Am Ende des Urlaubs wieder auf dem Heimweg verhält es sich dann ebenso. Die Wohltat liegt allein dazwischen. Einige nennen dieses Dazwischen das wahre Leben, für das es sich lohnt, ein ganzes Jahr zu schuften.

Die Mitte ist es, die wir schätzen. Mitte als Wortbestandteil wird im Latein zur Silbe Medi-. Ein Medi-ziner hilft uns mit Medi-zin, wieder in eine ausgewogene Balance zu kommen. Medi-tation ist die Übung, die eigene Mitte zu erleben. Kon-**Zen**-tration oder **Zen**-trierung sind Übungswege zur eigenen Mitte.

Mit dem eigenen Atem in die Mitte fließen. Wir atmen bei allem, was wir tun. Alles, was wir tun, ist Atem. Aber Achtung: Niemand kann einen Atemzug wiederholen! Sei dir bewusst, wie wichtig gerade dieser eine Atemzug ist, den du gerade machst.

Keinen Atemzug kannst du wiederholen – mach diesen einen also gut!

Der Alltag

Das *Zen*-Training ist beides: Selbst- und Endzweck.

Wenn man *Zazen* übt, dann übt man nur *Zazen* und nichts anderes. Wenn der Alltag einen fordert, dann fließt man mit und handelt demgemäß.

Der *Zen*-Weg ist ein Weg des Alltags. Das, was einem durch das Training geschenkt wird, findet im Alltag seinen Ausdruck in jeder Handlung. Dabei geht es vor allen Dingen darum, das jeweils Angemessene zu tun. Wenn ich auf der Toilette war, spüle ich. Wenn die Blätter vom Baum gefallen sind, fege ich. Wenn ein Schriftstück abgegeben werden muss, schreibe ich es. Wenn ich mit jemandem um 9.00 Uhr einen Termin habe, bin ich rechtzeitig und vielleicht sogar etwas früher da. Wenn ich gegessen habe, dann reinige ich meine Reisschalen oder spüle das Geschirr.

Durch diese kleinen Schritte hilft *Zazen* einem, immer mehr zu einem achtsamen Menschen zu werden. Solch ein Mensch steht dann tatsächlich im Mittelpunkt seiner Welt, weil er sich im Klaren darüber ist, dass er für das, was ihm widerfährt, selbst die Ursache ist, und die Verantwortung für die Folgen im vollen Maße übernimmt – im Kleinen wie im Großen.

Diese Fähigkeit des wahren Menschen wird gefunden im Teeweg *(Chado)*, im Schwertweg *(Kendo)* genauso wie im Weg des Managers oder Therapeuten – dies alles sind Wege des Alltags, die einen direkt ins Zentrum der eigenen Welt führen. Dass ein solcher Weg unendlich lang ist, wissen wir alle – aber auch ein unendlich langer Weg führt in jedem Augenblick ans nächste Ziel.

Der alltägliche Geist
ist der Weg

Es kommt darauf an, die in der Meditation, im *Zazen*, gewonnene Stille, Einsicht und Kraft in jedem Augenblick mit in den Alltag hinüberzunehmen. Es geht keineswegs darum, sich in Nabelschau aus der Welt herauszustellen; ganz im Gegenteil geht es darum, mitten in das pralle Menschenleben hineinzutauchen und dieses selbst zu meistern.

So gesehen dürfen wir sicher von *Zen* als dem meisterlichen Weg sprechen und hier davon berichten.

Im *Zen* wird der Alltag besonders geschätzt, weil er unablässig die Möglichkeit bietet, sich selbst in wechselnden Situationen zu schulen und diese zu bestehen. Ziel ist es, die innere meisterliche Atmosphäre konstant aufrechtzuerhalten. Alles und jedes ist willkommener Anlass und ein rechter Moment zur Übung.

Gleichzeitig ist die Alltagsbewältigung auch Indikator für den eigenen Stand geistiger Reife. Dabei sind die Begegnungen mit anderen Menschen, der Umgang mit der Natur, mit Lebewesen und Dingen immer und überall gleichermaßen von Bedeutung. Da gibt es kein Groß und Klein, kein Wichtig und Unwichtig, kein Bedeutend und Unbedeutend, sondern immer wieder die Chance, die eigene Haltung weiter zu verfeinern.

Ein *Zen*-Lehrer drückte das einmal so aus:

»Schäle eine Apfelsine so, als würdest du eine Symphonie dirigieren.«

Meisterschaft ist unbedingt und bedingungslos – völlig unabhängig von Orten und Situationen. Für die *Zen*-Übung ist jeder Ort der richtige.

Jedoch wäre es gleichermaßen korrekt, zu sagen: Es gibt überhaupt keine Übung. Das Leben tritt als unwiederholbarer Ernstfall an uns heran. Wir haben jedes Mal jetzt und hier die einmalige Möglichkeit, das Beste daraus zu machen, zum Besten der gesamten Situation und zum Wohle des Ganzen. Jede Sekunde ist ein echter Ernstfall. Das gesamte Leben bis zu diesem Moment war Vorbereitung zur »vollendeten Tat«.

Durch *Zen* wird das goldene Herz des Übenden kontinuierlich weiter poliert, sodass von diesem Glanz etwas in den Alltag abstrahlen kann – und damit das Herz seinen Glanz behält, wird es in ständiger Praxis immer wieder aufs Neue poliert.

Der echte Zen-Geist

Besonders wird der echte *Zen*-Geist im Alltag spürbar.

Auch im Privat- und Berufsleben zeigt sich die innere Haltung des Selbst im Umgang mit sich und anderen. Sie verrät sich im WIE des Handelns und des Umgangs im täglichen, tätigen Leben – unabhängig vom WAS der jeweiligen Beschäftigung.

Zen-Geist in Aktion ist gelebte Disziplin.

Nicht das unbedingte Erreichen einer bestimmten Vorgabe ist das Ziel, sondern die Verbesserung der Umstände im Prozess und auf dem Weg durch ständige Achtsamkeit, Höflichkeit, Rücksicht, Geduld, Beharrlichkeit und Behutsamkeit – kurz: in gelebter Güte.

Zen ist nicht Technik, sondern Kunst – Kunstfertigkeit in verwirklichter Spiritualität. Die Entwicklung genuinen Menschseins ist es, worauf es für die Vervollkommnung der Lebenspraxis ankommt. Seine Kompetenz und Wirkung gewinnt es ganz unwillentlich aus »anderen Quellen«, wie eben jener der praktizierten Ethik des *Zen*-Geistes.

Unwillkürlich ergibt sich aus solcher Übung der zunehmend gelebten Menschlichkeit auch eine spürbare Veränderung in Ausdruck und Ausstrahlung – im erkennbaren Wesen der Person.

Im Beruf ist es dann nicht nachgemachte Managementtechnik, sondern vorgelebte Führungsethik, die so Gestalt annimmt im *Zen*-geprägten Menschen, der schließlich Majestätisches und Demütiges meisterlich in sich vereint.

Kensho – Wesensschau/Satori, von Nagaya

Der Weg ist das Ziel – das Ziel ist kein Weg

Zen hat zu tun mit Bewegung und Dynamik. Der Weg ist das Ziel heißt: Schreite voran, bewege dich, definiere ein Ziel, peile es an, gehe los, und achte vor allen Dingen auf den Weg und deinen jeweils nächsten Schritt. Setze so konsequent Fuß vor Fuß. Bedenke: Jeder Weg beginnt mit einem ersten Schritt. Kein Schritt kann übersprungen werden. Schritt für Schritt geht es auf dem Weg voran. Und wenn dich etwas oder jemand aufhalten will? – Tu den nächsten Schritt, geh weiter!

Manchmal gilt es, eine Arabeske zu tanzen, einen Schritt zur Seite zu machen oder einen Umweg, ein anderes Tempo einzulegen, auszuweichen oder sogar zu verharren – bleibe jedoch in Bewegung! In Bewegung bleiben heißt, den Geist agil zu halten, immer, ohne Ausnahme, auch wenn man äußerlich stehen bleiben muss. Es ist der Geist, der sich bewegt, der voranschreitet und erkennt, dass es überhaupt keinen Stillstand gibt. Es ist die Einsicht, permanent »auf dem Weg zu sein«.

Fließe also mit, genieße die Veränderung, den Wandel, den Fortschritt, und mache genussvoll den nächsten Schritt, auch wenn er anstrengend sein sollte, er bringt dich unweigerlich dem Ziel näher.

Das Erreichen des nächsten Zieles ist unausweichlich, wenn du im Fluss bleibst. Und so folge dem Fluss von Ziel zu Ziel. Allerdings: Was nutzt das Erreichen des nächsten Zieles? Der Fluss strömt weiter, und damit tauchen immer wieder neue Ziele auf.

Erkenne, dass es sich um den Fluss des Lebens handelt, der, wie alle Flüsse, wenn sie nicht daran gehindert werden, in den großen Ozean einmünden wird. Du und ich, wir alle treiben in diesem Lebensfluss dem großen Ozean entgegen wie ein Stück Holz, das irgendwann in den Strom geworfen wurde.

Es bestehen jedoch Gefahren für das Treibholz im Fluss, durch die es die Mitte verlieren kann und so den Ozean vielleicht doch nicht erreicht. Derer lauern dort diese sechs:

Es könnte sein, dass es von jemandem herausgefischt wird, oder es verfängt sich im Ufergestrüpp, oder es gerät in einen Strudel und geht unter, oder es saugt sich voll Wasser und sinkt auf den Boden, oder es wird von einer Welle verschlungen und in den Morast gedrückt, oder es wird von der Sonne ausgetrocknet und bricht auseinander.

Was bedeutet es, von jemandem herausgefischt zu werden? Das heißt, sich täuschen zu lassen und einem Lehrer und einer Lehre zu folgen, die nicht der Wirklichkeit entspricht, obwohl sie als unwahr hätte erkannt werden können.

Was bedeutet es, sich im Ufergestrüpp zu verfangen? Das heißt, sich von seinen eigenen Sinnesbegierden verführen und vergiften zu lassen, obwohl sie hätten entlarvt werden können.

Was bedeutet es, in einen Strudel zu geraten und unterzugehen? Das heißt, sich von seinen eigenen Wünschen und Ängsten beherrschen zu lassen und so ein Opfer seiner eigenen Phantasien zu werden, obwohl sie hätten beherrscht werden können.

Was bedeutet es, sich voll Wasser zu saugen und auf den Boden zu sinken? Das heißt, sein Wissen und seine Bildung zu horten, bis kein Platz mehr da ist für nützliches Verstehen der Wirklichkeit, obwohl das Abgleiten hätte verstanden werden können.

Was bedeutet es, von einer Welle verschlungen und in den Morast gedrückt zu werden? Das heißt, sich von der lauten Außenwelt überwältigen zu lassen und diese für ein reales Abbild der Welt zu halten, obwohl es hätte bemerkt werden können.

Was bedeutet es, von der Sonne ausgetrocknet zu werden und auseinanderzubrechen? Das heißt, zu nah an das Verderben heranzugehen, an die Ablenkung, an die Verdummung, obwohl das hätte verhindert werden können.

Wo aber liegt bei allen sechs Gefahren die Chance, sie abzuwenden? Die liegt von Natur aus in uns selbst, und *Zen* ist eine wunderbare Übung auf diesem Weg der Vervollkommnung unseres wahren Seins.

Faktisch korrekt betrachtet gibt es überhaupt keinen Weg – außer in unseren eigenen Gedanken! Da ist Moment für Moment immer nur dieser eine Moment. Wo ist die Vergangenheit, außer in unserer Phantasie? Wo ist die Zukunft, außer in unserer Vorstellung?

Was es wirklich gibt, ist dieser Moment, ist dies:

Du liest diese Zeilen! Vergangenheit und Zukunft treffen sich! Jetzt, in diesem Moment. Das ist die Wirklichkeit.

Zen-Geist bedeutet, mitten in der Gegenwart zu stehen. Ich erkenne, dass ich selbst diese Gegenwart bin – hellwach und präsent bin ich selbst Meister dieser Gegenwart. Die Meisterschaft über den Moment ist die Meisterschaft über das Leben. Darum: Gib jetzt einhundert Prozent! Keiner kann es in der vergangenen Sekunde tun, keiner kann es in der nächsten Sekunde tun – nur jetzt(!) können wir einhundert Prozent geben.

Nochmals für diesen Moment: Außerhalb der Gedankenwelt gibt es überhaupt keinen Weg. Die Meisterschaft des Lebens entsteht aus der Meisterung des Augenblicks! Vervollkommne den Moment, und du bist Herrscher deiner Welt.

Welche Einsicht ergibt sich aus der doppeldeutigen Wahrheit »Der Weg ist das Ziel – das Ziel ist kein Weg«?

Scheinbare Gegensätze des Lebens heben sich auf, wenn wir sie auf verschiedenerlei Weise betrachten. Sie ergänzen sich und sind beide völlig wahr. So sagt auch Hesse in Siddharta:

»Von jeder Wahrheit ist das Gegenteil ebenso wahr.«

Im *Zen*-Training drückt sich dieser Widerspruch aus, indem man wieder und wieder dieselbe Haltung im *Zazen* einnimmt, sich wieder und wieder in die Stille hineinvertieft und kontinuierlich übt, äußere und innere Haltung in völlige Kongruenz zu bringen. Man begibt sich immer tiefer hinein in die Stille und kann so über Monate, Jahre und Jahrzehnte hinweg die Entwicklung seiner selbst verfolgen. Dies ist eine Entwicklung, die immer neue Ziele erreicht, bis zur Erlangung einer unglaublichen Verfeinerung. Dieser präzisierte wache Geist bleibt Sekunde um Sekunde in der Mitte des Lebensflusses, ohne den sechs Gefahren zu erliegen.

Auf die Frage: Wann ist der beste Zeitpunkt im Leben eines Menschen, sich für die Bahn in der Mitte des Flusses zu entscheiden?, lautet die Antwort: Jetzt!

Der Kleiderständer, der reden konnte

Einst lebte der Mandarin von Kyomo, der sich auch auf seinen Reisen nicht davon abhalten ließ, sich zu gewissen Zeiten in konzentrierter Versenkung zu üben. So ergab sich auf seinem *Zen*-Weg einmal eine sonderbare Situation:

Während einer Reise war es wieder einmal Zeit, anzuhalten, damit er die Übung vollziehen konnte. Der Mandarin befahl seinen Begleitern abzusitzen. Wie immer bauten sie das Zelt in Windeseile auf und platzierten die nötigen Utensilien wie Unterlage, Sitzkissen, Glocke und Räucherwerk, um es ihrem Lehnsherrn zu ermöglichen, seine Übung zu machen.

Diesmal jedoch war das Zelt des Mandarins genau auf der Kreuzung zweier Wege, die durch Reisfelder führten, aufgebaut worden. Schon nach kurzer Zeit umstanden einige Bauern, die aus allen Richtungen gekommen waren, mit ihren Karren die versperrte Weggabelung. Es blieb ihnen nichts anderes übrig, als abzuwarten, bis der große Mandarin seine Übung beendet haben würde.

Da erschien ein altes Mütterchen vor dem Wachposten am Zelt und wollte wissen, warum es hier nicht weitergehe.

Der Soldat erklärte ihr, dass der Mandarin das dreifache Viertel einer Stunde mit seiner *Zen*-Übung beschäftigt sein würde und sie sich somit zu gedulden habe.

Da ließ die alte Frau unverzüglich und ohne jede Vorankündigung einen langen, gellenden Schrei aus ihrer Brust aufsteigen:

»Hiiiiiiiiiiii, He He He, Hiiiiiiiiiiiii, Auuuuuuu, Ooiieehh, Yaa!«

Der wachhabende Soldat war schockiert, irritiert und fasziniert – alles zur selben Zeit. Dann fasste er sich und rief die alte Frau zur Ordnung. Doch die sagte:

»Du wirst mich gleich am Ende seiner Übung zu ihm bringen. Das versprichst du mir! Oder du hörst meinen Schrei noch einmal so laut!«

So bekam die Alte etwas später Einlass in das Zelt und stand vor dem Mandarin.

»Wer bist du, was willst du, und was schreist du hier herum?«, fuhr der Mandarin die alte Frau unwirsch an.

Die aber fiel wie ein Blatt, langsam und senkrecht zu Boden und landete genau in einer aufrechten Lotosposition. Dann sagte sie:

»Ich bin Hashimoto Michiko, ich will dich fragen, ob du mir zu Recht den Weg versperrst. Wenn das wirklich so ist, werde ich dich in Ehren in meinem Geist bewahren.«

»Und wenn dem nicht so ist?«, schrie der Mandarin ihr entgegen.

»Dann habe ich heute einen Kleiderständer gesehen, der sprechen kann«, sagte Hashimoto Michiko ganz ruhig.

Für einen Moment saß der Mandarin mit etwas verwirrter und nachdenklicher Miene da, aber dieser Moment genügte Hashimoto, um zu fragen:

»Mandarin, was ist dein Ziel mitten auf diesem Weg?«

»Hör zu, Alte, ich sitze in Stille. Ich übe Disziplin, Versenkung und Erleuchtung. Ich beherrsche die Welt, weil ich mich selbst beherrsche.«

Hashimoto antwortete ihm: »Das kannst du nicht. Du kannst nicht still sitzen. Deine Augenlider bewegen sich, dein Herz schlägt, dein Blut pulsiert, deine Haare wachsen, während du hier auf dem Weg sitzt. Nennst du das Stille?«

»Was redest du da, Hashimoto?«, entgegnete der Mandarin jetzt merklich gelassener. »Würde ich deine Stille erfüllen, wäre ich ja tot!«

Hashimoto sagte: »Hör zu, Mandarin, dein Totsein ist immer noch nicht Stille, höchstens Zerfall. Deine Zellen lösen ihren Verbund, deine Säfte machen sich auf und davon, und selbst deine Soldaten würden im ganzen Land Zeter und Mordio schreien.«

Der Mandarin wurde jetzt sehr unsicher, weil er merkte, dass er dieser alten Frau nicht gewachsen war.

»Also gut, Hashimoto! Was soll ich tun auf meinem Weg?«

Ganz vergnügt antwortete Hashimoto:

»Mandarin, auch wenn es dich nicht gäbe, diesen Weg gäbe es trotzdem. Überwinde den Gedanken, es könnte *dein* Weg sein. Es ist nicht dein Weg, es ist *der* Weg.

Mach den Weg hinter dir weit und breit, damit andere ihn auch gehen können. Darum bist du Mandarin.«

Der Mandarin fühlte sich beschämt und mochte der alten Hashimoto in diesem Moment nicht mehr in ihre wachen Augen sehen. Er drehte sich um und rief einen Soldaten herein.

»Soldat, gib den Leuten draußen ihren Lohn. Bezahle jeden, der gewartet hat, für eine Stunde Lehnsarbeit.«

Dann wandte er sich wieder Hashimoto zu:

»Du hast mit einem Kleiderständer gesprochen. Mit diesem hast du heute das letzte Mal gesprochen. Mein Name ist Yamada Akihiro.«

Hashimoto verbeugte sich zu einem leichten Gassho [Gruß] und ging rückwärts aus dem Zelt. Draußen rief sie laut und schrill:

»Hiiiiiiiiiii. He He He. Yaahoooo. Tschutscha!«

Die zehn Ochsenbilder

Ob es sich bei dieser Geschichte in Bildern von einem Hirten mit seinem Tier um einen Ochsen, einen Stier, eine Kuh, einen Wasserbüffel oder eine andere Art von Rind handelt, mag dahingestellt bleiben. Wichtig ist die Erkenntnis, dass das Rindvieh – wie wir uns gelegentlich selbst uncharmant zu titulieren pflegen – tatsächlich wir selbst sind: unser Selbst, zu dem wir unterwegs sind, im zunächst noch unerkannten, unbewussten Suchen, das noch mehr aus Sehnen und Ahnen besteht, bis zur »Selbst-Wesensschau« oder *Kensho*, in der ein ungeschöntes Bild im Spiegel unseres eigenen Herzens aufleuchtet.

Die folgenden 10 Bilder wurden einst erschaffen von Shubun, einem *Zen*-Priester des 15. Jahrhunderts, und werden im Shokoku-ji in Kyoto aufbewahrt. Dort hatte auch der *Zen*-Meister Daizohkutsu Rekidoh Ohtsu seinen Sitz, wo er das Buch »*Zen*-Geschichte: Der Ochs und sein Hirte aus dem alten China« schrieb, wovon eine frühe Veröffentlichung in der Übersetzung von Koichi Tsujiimura und Hartmut Buchner 1958 bei Neske in Pfullingen erschien. Die hier verwendete Holzdruck-Form der Bilder schuf Tomikichiro Tokuriki (1902–2000), Mitglied der Nippon Hanga Kyokai. Sie wurde mit einem Begleittext von Daisetz Teitaro Suzuki versehen.

Die jeweiligen Begleittexte zu den einzelnen Bildern stammen ursprünglich von dem *Zen*-Priester Tsi-Yüan und wurden seit der Veröffentlichung bei Neske in verschiedenen Titeln verwendet, wie u.a. bei Niklaus Brantschen/Benziger: »Der Weg ist in dir«.

Charakteristisch für die Holzdrucke ist ihre Anordnung in jeweils einem Kreis als Rahmen, womit der leere Kreis *(Enso)* aus dem achten Bild in die gesamte Bildfolge mit einbezogen ist. Dieser scheinbar leere Kreis umfasst zugleich Alles und Nichts oder »Die Fülle des Nichts«, nach dem Titel des Buches von Hoseki Shinichi Hisamatsu (1889–1980), ebenfalls bei Neske erschienen, 1975. Dort nennt der Autor dieses »Nichts« das wesentliche Kennzeichen der ostasiatischen Kultur oder auch den Wesenskern des *Zen*, nach dem der suchende Mensch oder Hirte in dieser Bildergeschichte unterwegs ist.

Dass und was er sucht, wird im Laufe der Geschichte mit ihren zehn Bildern zunehmend deutlich, wobei der nur auf den Bildern drei bis sechs tatsächlich auch sichtbar erscheinende Ochse unschwer in seiner transfigürlichen Bedeutung erkennbar wird.

Die ganze Geschichte gilt als Lehrstück für den *Zen*-Weg, der letztlich nur in der eigenen Übung und Gelebtheit beschritten werden kann. Der Ochse ist dafür ein Hilfsmittel *(Upaya),* das in seiner anfänglich tierhaften Störrischkeit an die Schwierigkeit im Umgang mit dem Selbst, mit dem eigenen Herzen, dem eigenen Herzgeist erinnert.

Im Gegensatz zur eher rational orientierten Selbsterkenntnis westlicher Philosophie weist der *Zen*-Weg mit dem Ziel der »Selbst-Wesensschau« *(Kensho)* auf die Kenntnis oder Erkenntnis des »Nichts« im eigenen Herzen und trifft damit mitten hinein in eine existentiell-ganzheitliche Weise von Sicht und Sein in Handlung und Haltung.

Kensho ist dafür nur der Beginn der Erweckung oder Erleuchtung *(Satori),* die als Ziel der *Zen*-Übung gälte, wenn es denn ein solches in der Wortlosigkeit des geübten Weges überhaupt gäbe, denn wie wir schon von Laotse, einem Urahn des *Zen* wissen: »Der Weg ist das Ziel.«

Wer sich also auf einen solchen Weg aus dem und zum eigenen Herzen macht, der bekommt in dieser Bildfolge der Geschichte vom Ochsen und dessen Hirten eine Wegweisung in Form von Stufen oder Stationen, die es zu bewältigen gilt. Damit entspricht der Weg der »nördlichen Richtung« der *Zen*-Schulung, nach der eine schrittweise Annäherung an das Erwachen möglich ist. Die sogenannte »südliche Schule« des *Zen* vertritt dagegen die Auffassung, das Erwachen zu *Satori* könne nur plötzlich oder mit einem Schlag geschehen.

Ob einer nun so oder so, plötzlich oder schrittweise, zur Erleuchtung oder Selbst-Wesensschau kommt, möge nicht zuletzt dem Temperament und Charakter des Übenden anheimgestellt bleiben.

Dem Wegcharakter des Menschseins und -werdens im Leben entspricht wohl eher die allmähliche Annäherung an das eigene Wesen. Dieser Weg führt also nicht zum Ziel, sondern er trägt es bereits in sich – wie schon das »Tao te king« des Laotse ausführt.

Dafür sprechen auch die zahlreichen Geschichten und Überlieferungen des *Zen*, in denen von langjähriger Übung und immer neuer Anstrengung des »Sich-auf-den-Weg-Machens« die Rede ist. Dass dieser Weg schließlich in die Weglosigkeit führt, entspricht der *Koan*-gemäßen Aufforderung Hisamatsus, in die absolute Ausweglosigkeit einzutreten – ins ortlose Nirgendwo des eigenen Herzens, das in der »Wie-Einsheit« *(Ichinyo)* des eigenen Wesens mit allen Wesen unter Aufhebung jeder Dualität zur »Nicht-Zweiheit« *(Advaita)* erfahrbar wird.

Zwar mag die uranfängliche Buddha-Natur in jedem Wesen, also eben auch dem je eigenen Herzen, wohnen, doch gelten für den jeweiligen Weg- und Entwicklungscharakter die Worte von Dogen-Zenji:

»Auch wenn man ursprünglich Buddha ist –
ohne Übung [des Zazen] erkennt man es nicht,
ohne Erleuchtung erscheint es nicht.«

Auf dass die Übung zum »Weg des meisterlichen Weges« etwas an Übersichtlichkeit und man für sie selbst an Einfühlungsvermögen gewinne, dafür sei hier nun die *Zen*-Geschichte vom Hirten und seinem Ochsen aufgezeichnet und zur existenziellen Nachahmung empfohlen.

Erstes Bild:
Die Suche nach dem Ochsen

»Wozu das Suchen? Von jeher ist der Ochse niemals vermisst worden. Doch es geschah, dass der Hirte sich von selbst abwandte: Da ward ihm sein eigener Ochse fremd und verlor sich zuletzt in staubiger Weite.

Die heimatlichen Berge rücken ferner und ferner. Unversehens findet der Hirte sich auf verschlungenen Irrwegen. Gier nach Gewinn und Furcht vor Verlust entbrennen wie aufflammendes Feuer, und die Meinungen über Recht und Unrecht stehen widereinander gleich Speerspitzen im Schlachtfeld.«

Das erste Bild bietet bereits einen Schlüssel zum Verständnis der ganzen Ochsenbilder-Serie: Da gibt es gar nichts im Besonderen zu suchen.
»Berg – Fluss – Gras – Baum, alle Dinge haben Buddha-Natur«, heißt es in einer alten *Zen*-Weisheit, die oft als Tuschspur von Schreibmeistern aufgezeichnet wird.

Der Hirte mit der Peitsche unter dem Arm steht inmitten der so gezeichneten Buddha-Natur. Aber er hat sie offenbar noch nicht in sich selbst entdeckt, wo doch alles Gute so nahe läge, im eigenen Herzen, das der gesuchte Ochse (sinn)bildlich darstellt und nach dem der Hirte sich sehnsuchtsvoll umschaut. Das wahre Wesen des eigenen Herzens wohnt ihm inne, aber er weiß es nicht – daher die Suche, die dort ein Ende haben wird, wo er (zu) sich selbst findet; wo er sich vom wahren Weg wird finden lassen, anstatt weiter zu suchen.

Dass dieser Weg nach innen zur »Schatzkammer« der eigenen Buddhaschaft und Spiritualität führt, werden die nächsten Bilder verdeutlichen.

Zweites Bild:
Das Finden der Ochsenspur

»Das Lesen des Sutra und das Hören der Lehren brachte den Hirten dahin, etwas vom Sinn der Wahrheit zu erahnen.

Er hat die Spur entdeckt. Nun versteht er, dass die Dinge, wie verschieden auch gestaltet, alle von dem einen Golde sind und dass das Wesen jeglichen Dinges nicht verschieden ist von seinem eigenen Wesen. Gleichwohl vermag er noch nicht, zwischen Echtem und Unechtem zu unterscheiden, geschweige denn zwischen Wahrem und Unwahrem.

Noch kann er nicht durch das Tor hineintreten. So bleibt auch erst vorläufig gesagt, er habe die Spur schon entdeckt.«

Hier ist der Hirte dem Ochsen – also seinem Selbst – auf die Spur gekommen: Er erhält eine Ahnung vom Sinn der Wahrheit, um die es jenseits aller Worte geht. Durch Beschäftigung mit dem Wissen aus Büchern und heiligen Schriften hat der Mensch gelernt, dass alle Dinge im tiefsten Wesensgrunde eins sind.

»Alle Dinge kehren zurück zum Einen«, sagt eine **Zen**-Tuschspur, und im Ursprung dieses Einen wohnt der Mensch selbst. Dieses Wissen ist aber vorläufig nur vom Intellekt her erfasst und bedarf noch der Vertiefung in der Erfahrung des Herzens – auf dessen Spur wir hier unterwegs sind.

Aber immerhin, die Spur ist entdeckt, und mit dem schönen Wort von Niklaus Brantschen zu diesem Bild gilt:

»Wo eine Ochsenspur ist, da ist auch ein Ochse!«

Drittes Bild:
Das Finden des Ochsen

»In dem Augenblick, da der Hirte die Stimme hört, springt er jäh zurück und trifft im Erblicken den Ursprung.

Die schweigenden Sinne sind im gelassenen Einklang mit diesem Ursprung beruhigt. Unverhüllt wacht der Ochse in seiner Ganzheit über jegliches Tun des Hirten. Er ist anwesend in seiner unabdingbaren Weise, so wie das Salz im Wasser des Meeres oder wie der Leim in der Farbe des Malers. Wenn der Hirte die Augen weit aufschlägt und schaut, dann erblickt er nichts anderes als sich selbst.«

Nun wird der Ochse zum ersten Mal sichtbar, wenn auch nur halb oder von hinten, scheinbar schon wieder auf der Flucht, was der Hirte mit Seil und Peitsche in der Hand gelassen mit anschaut. Das erste Sehen des (Geist-)Ochsen entspricht der erstmaligen Schau des eigenen Herzgeistes, der nicht mehr zu fliehen vermag. In der Selbst-Wesensschau von Kensho verbinden sich Ochse und Hirte im existentiellen Einssein, wo unabdingbar keine Zweiheit mehr Raum hat. Alles ist eins, gerade so wie die Welle sich nicht vom Wasser des Meeres trennen kann, sondern das Wesen des Meeres selbst verkörpert.

Dass es sich bei dieser Einheitserfahrung um eine erstmalige handelt, ist an dem nur teilweise sichtbaren Ochsen zu erkennen, der noch versucht ist, wieder ab- und fortzuschweifen. Doch ist es besser, den Erleuchtungs-Ochsen wenigstens am Schwanz zu packen als gar nicht, wo er doch die Hörner (noch) nicht zeigt, an denen er auch nach westlicher Diktion zu packen ist.

Nach Shosan Suzuki (1579–1655) ist es allerdings wichtiger, dem Geist-Ochsen von vorn zu begegnen als von hinten, weshalb er, auch in einer Abwandlung der traditionellen Bildfolge, in seinem dritten Bild den Ochsen von vorn zeichnet und zeigt.

Von solcher Initialerfahrung bis zur wirklichen, bleibenden und verwirklichten Wesensschau kann es aber noch ein langer Übungsweg sein, wie die Berichte vieler Meister bekunden. – Das Beschreiten dieses Pfades kann bis zu 20 oder 30 Jahre dauern.

Viertes Bild:
Das Fangen des Ochsen

»Heute, zum ersten Mal, wurde der Ochse getroffen, der lange Zeit in der Wildnis verborgen war. Doch die gewohnte und angenehme Welt dieser Wildnis zieht ihn noch so stark an, dass er nur schwer festzuhalten ist. Noch vermag er nicht, sich der Sehnsucht nach dem duftenden Grasbüschel zu entziehen. Noch rast in ihm hartnäckiger Eigensinn, und wilde Tierheit beherrscht ihn. Möchte der Hirte den Ochsen zur echten Sanftmut bringen, dann ist es nötig, ihn mit der strengen Strafe der Peitsche zu züchtigen.«

Seil und Peitsche, die bisher im Bild nur gezeigt wurden, müssen jetzt im Kampf mit dem Ochsen in Aktion treten. Dieser, obwohl sein ureigenstes Geistwesen, ist dem Hirten noch fremd und bedarf in seiner Widerspenstigkeit der Zähmung. Harte Arbeit muss der Hirte leisten, gerade nach dem ersten Aufblitzen von Kensho im vorhergehenden dritten Bild, das nichts anderes war als ein Hinweis, eine Einladung zu weiterem strengem Üben des Zazen.

Denn: Eine Erleuchtung macht noch keinen Erleuchteten, und eine Initialerfahrung macht noch keinen Eingeweihten, zu dem der eifrig Übende im Laufe der Zeit und ihr gemäß erst werden soll.

Die Erfahrung muss ihm in Fleisch und Blut übergehen, im Wachen und Schlafen präsent sein: *Gyo – Yu – Za – Ga,* im Gehen, Stehen, Sitzen, Liegen – in jeder Art von Tun und Lassen in Körper und Geist soll sich das wahre Selbst des gelebten **Zen** in ihm manifestieren.

»Shigi, die vier würdevollen Haltungen« bedeuten, dass in allen Situationen von Mönchen und Nonnen würdevolles Verhalten in jeder Situation aus sich selbst heraus erwartet wird – was aber auch für den Laien gelten sollte.

Dann, und erst dann, darf der Geist-Ochse als gebändigt und das *Kensho* als bestätigt gelten.

Fünftes Bild:
Das Zähmen des Ochsen

»Kommt nur im geringsten irgendein Gedanke auf, dann folgt diesem unumgänglich ein anderer Gedanke nach – endloses Nacheinander. Im Erwachen wird es wahr, im Irren dagegen wird alles unwahr. Alles umweltlich Anwesende ist nicht aus ihm selbst, sondern geschieht einzig aus dem anfänglichen Herzen. Halte den Zügel fest, und erlaube dir kein Zögern!«

Nun geht der Ochse geduldig am Seil des Hirten. Erstmals sind beide bildlich sichtbar miteinander verbunden. Etymologisch taucht hier im »Anjochen« oder in der »Rückbindung« der Begriff von Yoga oder Religion auf. Gott und Mensch, Buddha und die Unwissenden stehen miteinander schon immer in Beziehung, wenn auch unerkannt. Jetzt wird sie sichtbar im Seil der Verbindung, im Halfter des Vertrauens, das Geist-Ochsen und Hirtenmenschen vereint.

Ein Funke des Vertrauens ist erwacht, und zum ersten Mal sind Hirte und Ochse miteinander verknüpft – locker noch, aber untrennbar auf dem Weg zur endgültigen Vereinigung, zum Erwachen des äußeren Selbst im inneren Geist.
   Für die Ablenkungen auf diesem Wege gilt:

»All die zahllosen, dicht gewebten Erscheinungen samt den tausend Erinnerungen und den zehntausend Gedanken, die du in diesem Augenblick hast: Sie sind doch nichts als Bilder im Spiegel deines Geistes. Nun aber gilt es, auf den Grund und Boden all dessen zu schauen, was im Spiegel ist, und nicht auf die Bilder, die darin erscheinen.«

Nur so können wir den Zügel des Vertrauens halten und heimfinden zum »uranfänglichen Herzen« unseres wahren Selbst.

Sechstes Bild:
Die Heimkehr auf dem Rücken des Ochsen

»Der Kampf ist schon vorüber. Auch Gewinn und Verlust sind zunichte geworden. Der Hirte singt ein bäuerliches Lied der Holzfäller und spielt auf seiner Flöte die ländliche Weise der Dorfknaben. Er sitzt auf dem Rücken des Ochsen und schaut in den blauen Himmel. Ruft ihn einer an, so wendet er sich nicht um. Zupft ihn einer am Ärmel, so will er nicht halten.«

Beim ersten Bild »Die Suche nach dem Ochsen«, war noch die Rede von »Gier nach Gewinn und Furcht vor Verlust«. Hier, auf der sechsten Stufe, sind sie vergangen. Die Feier eines Friedens beginnt, der sich ausdrückt im Flötenspiel des Hirten auf dem Rücken des Ochsen. Dieser trabt langsam und friedvoll dahin, ungeführt und ungestört auf dem weglosen Pfad zurück in die ortlose Heimat.

Ohtsu-Roshi schrieb dazu:

»Hier waltet das Einssein von Mensch und Ochse, die Selbigkeit von sich und anderem, die Einung von Mensch und Welt. Das eine Wesen ist in allem Anwesenden, und alles Anwesende ist das eine Wesen.

Im großen Lassen von allem gibt es kein Unrecht und keinen Verlust, keinen Staub und kein Irren. Hier ist einem alles rein, frisch und offen. Dies ist die Zeit der wahren, großen Ruhe.«

Mit sich und der Welt im Reinen und eins, friedlich und gelöst, so lässt sich der Mensch vom Herzgeist seines wahren und erwachten Wesens tragen, in der ungehinderten Freiheit, im Tun und Lassen des Hirten und seines Ochsen. Und das Lied seiner Flöte ist Singen und Tanzen und Stimme der Wahrheit.

Siebtes Bild:
Der Ochse ist vergessen, der Hirte bleibt

»Es gibt keine zwei *Dharmas* (Wahrheiten). Nur vorübergehend ist der Ochse als Wegweiser aufgestellt. Er gleicht etwa einer Schlinge, in die ein Hase tappt, oder einer Reuse, mit der ein Fisch gefangen wird. Jetzt ergeht es dem Hirten, wie wenn leuchtendes Gold aus dem Erz gebrochen würde oder wie wenn der Mond, von den Wolken sich lösend, zum Vorschein käme. Es leuchtet das eine kühle Licht, schon vor dem Tag des Weltenaufgangs.«

Nun sitzt der Hirte – heimgekehrt – allein und ohne sichtbaren Ochsen vor seiner Hütte. Peitsche und Zügel wie auch alle Hilfsmittel *(Upaya)* auf dem Weg sind überflüssig geworden und deshalb in der Hütte abgelegt, wo die Heimat des uranfänglichen Wesens der Wahrheit erreicht ist. Der Ochse, jenes beginnende Erwachen des eigenen Selbst, ist verschwunden und vergessen in der Selbst-Erwachtheit des Menschen, der mit seinem Ich nicht nur einig, sondern eins geworden ist.

Heimgekehrt in die Einkehr im Hier und Jetzt des heimatlosen Zuhauses, das überall ist, herrscht Ruhe den ganzen Tag. Unterwegs, auch zurück in der alltäglichen Welt, macht der erleuchtete Mensch sich innerlich frei von dieser Erfahrung der Erleuchtung oder des Selbsterwachens, indem er sie vergisst. Frei und erwacht, gelöst auch von der Erfahrung des Erwachens, integriert er diese in sein Leben und Sein, wandelt sie in die Selbst-Vergessenheit echter Demut und Uneigennützigkeit. Und der volle Mond der unendlichen Weisheit spiegelt sich im Herzsaal seines ganz gewordenen neuen und doch uranfänglichen Wesens.

Achtes Bild:
Die vollkommene Vergessenheit von Ochse

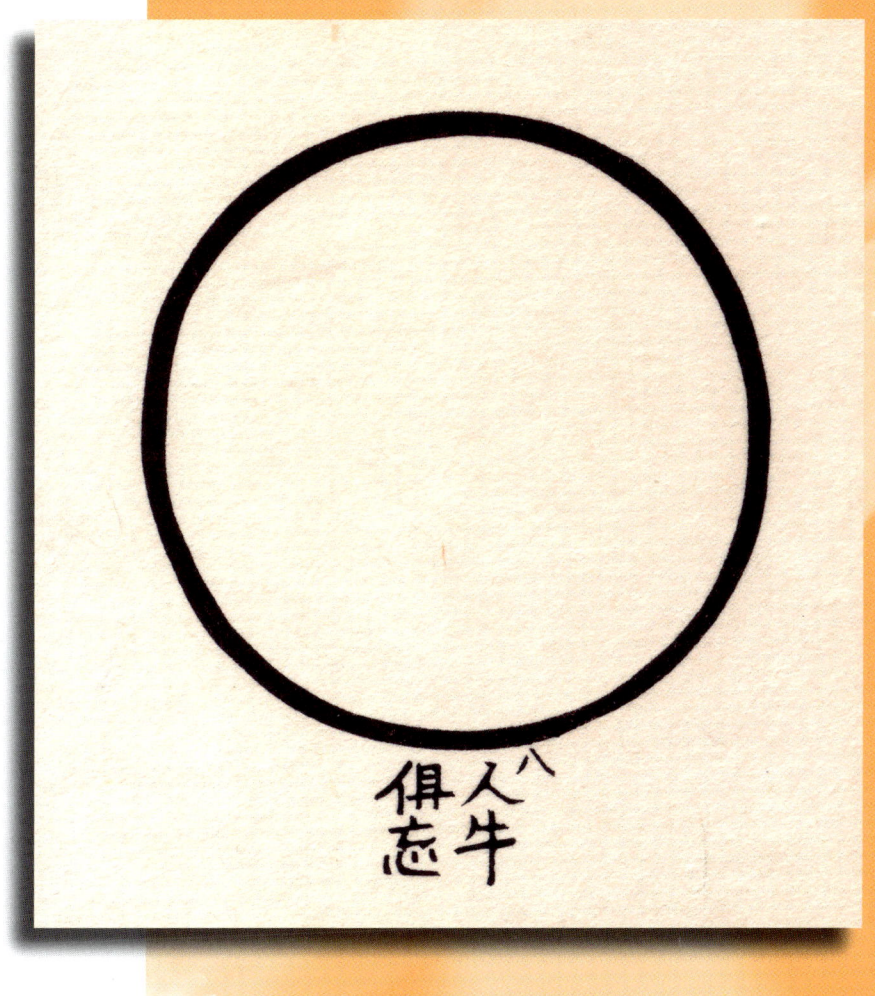

»Alle weltlichen Begierden sind abgefallen, und zugleich hat sich auch der Sinn der Heiligkeit spurlos geleert.

Verweile nicht vergnügt an dem Ort, in dem der Buddha wohnt. Gehe rasch vorüber an dem Ort, in dem kein Buddha wohnt. Wenn einer an keinem von beiden hängen bleibt, kann sein Innerstes niemals durchschaut werden, auch nicht vom Tausendäugigen. Die Heiligkeit, der Vögel Blumen weihen, ist nur eine Schande.«

Nun ist auch der Hirte verschwunden. Was bleibt, ist der leere Kreis, der auch die Bildhaftigkeit aller bisherigen Stationen umschlossen hat. In seiner Leere aber bietet dieser Kreis Raum für Alles und Nichts – und damit auch für die »Fülle des Nichts«. Der Kreis kann auch mit einem blanken Spiegel verglichen werden, der zwar an sich und damit in seiner bloßen Existentialität leer ist. Zugleich aber ist er potentiell gefüllt mit der absoluten Macht, alles aus der Begegnung wiederzugeben, ohne es festhalten zu können oder zu wollen. Heiliges und Weltliches sind spurlos verschwunden: Es geht hier um das absolute Nichts, um die unendliche Offenheit. Dieses vollkommene Nichtsein ist der ursprüngliche Ort, dem alles Denken und jedes Wissen entspringt.

In diesem Bereich gibt es nichts, was kommt, und nichts, was geht. Es gibt keine Geburt und kein Sterben, kein endloses Nacheinander der Gedanken. Im Hier und Jetzt sind die ewige Vergangenheit und die ewige Zukunft; es erfüllt über alle Zeiten und Räume hinaus den ganzen Kosmos.

Dem abbildlich leeren Spiegel entspricht das Herz des Menschen, mit dem er die Dinge auf sich zukommen lässt, ohne sie aufzunehmen. Der wahre Geist und die wahre Natur in uns selbst oder die Geistigkeit an sich existieren immer, ungeachtet unseres geistigen Zustands – erleuchtet oder nicht, der Geistigkeit innegeworden oder nicht.

Der leere Kreis ist das Bild für die Grundlage der geistigen Vollendung, wie der volle Mond das Bild der vollkommenen Wahrheit und Weisheit darstellt: unerschöpflich gespiegelt im klaren Wasser, das sein Bild enthält, ohne ihn zu halten.

Neuntes Bild:
Zurückgekehrt in den Grund und Ursprung

»Wie von Anbeginn an ist es rein, und es gibt keinen Staub. Dort beschaut einer den wechselnden Aufgang und Untergang des Seienden und wohnt selbst in der gesammelten Stille des Nichthandelns. Er lässt sich nicht von vergänglichen Trugbildern der Welt täuschen und bedarf keiner Einübung mehr. Blau fließen die Ströme, grün ragen die Gebirge. Er sitzt bei sich selbst und beschaut den Wandel aller Dinge.«

Nach dem Durchbruch im achten Bild, dem Durchgang durch das Nichts des leeren Kreises, bleiben Ochse und Hirte verschwunden – vereint in ihrem uranfänglichen Wesen des Herzgeistes. Nun sind Berge wieder Berge, der Fluss ist durchaus der Fluss, und der Vogel singt: Natur pur, ähnlich dem ersten Bild der Ochsengeschichte. Nun aber nimmt der Mensch sie anders wahr, obwohl sie gar nicht anders ist: Er sieht sie mit dem Auge des Erwachten erstmalig so, wie sie wirklich ist – und in ihrer wahren Soheit immer war.

Der Mensch, der sein wahres Selbst verwirklicht hat und ganz bei sich und seinem eigenen, eigentlichen Wesen ist, kann auch bei den Dingen, der Natur, der Sache sein. Ihm ist die Welt kein Anderes, sondern ein »Ich-noch-einmal«. Diese wirkliche Welt mit ihrer einfach so existierenden wirklichen Natur ist nichts anderes als Präsenz des uranfänglichen Wesens.

Betraf die achte Stufe das eine Wesen, die Ungeschiedenheit, so gilt die neunte hier dem Anwesenden, der Unterschiedlichkeit. Das Werden des absoluten Nein aus der Leere des Nichts zum absoluten Ja zur Welt muss zugleich die Rückkehr alles Anwesenden in das eine Wesen sein. Die Ungeschiedenheit ist zugleich die Unterschiedlichkeit, und die Unterschiedlichkeit ist die Ungeschiedenheit. »Alles kehrt zurück in das Eine«, sagt mit der Tuschspur ein klassisches **Zen**-Wort.

Zehntes Bild:
Das Kommen auf den Markt mit offenen Händen

»Die Reisigpforte ist fest verschlossen, und selbst der weiseste Heilige kann ihn nicht sehen. Er hat sein erleuchtetes Wesen schon tief vergraben und erlaubt sich, von den befahrenen Geleisen der altehrwürdigen Weisen sich abzuwenden. Bald kommt er mit einem ausgehöhlten Kürbis auf den Markt, bald kehrt er mit seinem Stab in seine Hütte zurück. Wie es ihm gefällt, besucht er die Weinkneipen und Fischbuden, um die betrunkenen Menschen zu sich selbst erwachen zu lassen.«

Im zehnten und letzten Bild ist menschliches Leben wieder in die vom Kreis umschlossene Natur eingekehrt – Heilung aus der Begegnung. Der dickbauchige Greis mit dem fröhlichen Gesicht, Bu-dai oder Hotei genannt, trifft auf den jungen mit seinem Stab und kleinem Gepäck wandernden Hirten.
Der Tuchsack des Hotei an seinem langen Stab dagegen ist groß und vielfach geflickt. Er enthält alles, was sich im Laufe seines Lebens an Dingen bei ihm angesammelt hat – einschließlich seines zerschlissenen Zazen-Sitzkissens.
Bei manchen früheren Darstellungen der Ochsenbilder sieht man hier nur den Alten allein kommen, doch hat gerade das Treffen mit dem Jungen zusätzlichen Symbolcharakter für die zwischenmenschlich-dialogische Welt. Hier kommt der Bodhisattva als ein Erleuchteter, der in sich selbst die Bezeugung der Wahrheit zur Vollendung kommen ließ, zurück in die Alltagswelt, um die anderen teilhaben zu lassen an seiner Erleuchtung gemäß dem Gelübde des Bodhisattva, »alle lebenden Wesen zu erretten«.
Dieser »Kerl« (Ohtsu) ist weder weltlich noch heilig, wohnt weder in den Leidenschaften noch in der Weisheit. Er kommt aus dem wundersamen Ort des Nichts, der Ungeschiedenheit, in die Welt der mannigfaltigen Unterschiede des Alles, »wo sich das Selbst selbstlos zum Ich-Du als Doppelselbst in der Begegnung aufschließt« (Ueda).
Der Weg des hier dargestellten Bu-dai war offensichtlich ungewöhnlich und regellos. Er vergrub sein erleuchtetes Wesen in der Gestalt eines Bettelmönches, der schlief, aß und trank, wo es ihm gerade passte und es sich

十
入鄽垂手

昭和辛卯夏
富吉郎
画並刻摺

ergab. Frei von jeder Fremdbestimmung durch Brauch oder Sitte verkehrte er mit Vorliebe in Weinkneipen und Fischbuden, wie die Kürbisflasche in seiner Hand andeutet. Gerade dort wirkt er, selbst ein Verwandelter, im Gespräch mit den einfachen Menschen an der Verwandlung und Rettung im Sinne des Seelenheils – der Erleuchtung – anderer mit.

Wenn im Begleittext von den Betrunkenen die Rede ist, die er zu sich selbst erwachen lässt, so ist dies nicht nur im Sinne nachalkoholischer Ernüchterung gemeint. Die Trunkenheit der normalen Menschen vor dem Erlebnis der Erleuchtung besteht vielmehr in der Unwissenheit über ihr wahres Wesen.

Das Wissen um das wahre Selbst entsteht erst aus der Erfahrung der Selbst-Wesensschau *(Kensho)*. In ihrer Klarheit fällt plötzlich die Verblendung der Selbst-Trunkenheit weg: Schlagartig erkennt man die schon immer vorhandene Wahrheit, die nur durch den Schleier der Phänomene verdeckt war und von der wir im Grunde also nie getrennt waren.

Wie schon zuvor erwähnt, sagte Meister Dogen nach seiner Erleuchtung:

»Auch wenn man ursprünglich Buddha ist – ohne Übung erkennt man es nicht, ohne Erleuchtung erscheint es nicht.«

Waga shin kore dojo! – Dein eigenes Herz, das ist die Übungshalle! Da dient also dieser Weg, beschrieben in den zehn Ochsenbildern, als eine klassische Schritt- und Stufenfolge der **Zen**-Übung, hin zum eigenen Herzen. Dabei gibt das letzte Bild für das Weiterleben in der Welt, auch als ein Erwachter, den allegorischen Hinweis, wie wir ihn schon von Bodhidharma kennen: »Große offene Weite – nichts von heilig.«

So kommt denn auch der Weise auf den ersten Blick nicht als solcher erkennbar zurück. »Das Gesicht mit Erde beschmiert, den Kopf mit Asche bestreut, auf den Wangen ein mächtiges Lachen«, so wirft er sich in das wogende Meer des täglichen Lebens auf dem Markt, um – selbst verwandelt – anderen bei ihrer Verwandlung zu helfen.

Ein solcher zum wahren Selbst erwachter Mensch erscheint ganz gewöhnlich und unauffällig, offen für alles und alle.

»Offen und schenkenden Herzens vermischt er sich mit Licht und Staub. Wie kann man ihn nennen? Einen unabhängigen, offenherzigen und wahren Menschen? –

Oder einen Narren? Oder einen Heiligen? Er ist der ,heilige Narr' … und als solcher Sinnbild für das unerschöpfliche, schöpferische Spiel des beginnenden Lebens.« (Ohtsu)

Dort kann man ihm dann vielleicht auch begegnen, plötzlich und unerwartet: in Gestalt des Bodhisattva als Postbote, als Straßenbahnschaffner oder Brotverkäufer, als Manager und »Roshi in Nadelstreifen« oder ganz einfach als »**Zen**-Lebemann«.

Heute braucht er dazu keine Asche mehr auf dem Haupt, es kann auch die Golfkappe auf dem Kopf sein.

Als »Ho Lin Wan« trinkt er vielleicht mit Eugen Pletsch – wie in dessen »Weg der weißen Kugel« – im Clubhaus am Golfplatz, ganz Weltmann und Lebensmeister, ein Bier oder einen Kir Royal, um damit die anwesenden Leute durch ihn und mit ihm wie von selbst zu einer sogenannten »guten Gesellschaft« werden zu lassen.

Do – Der Weg,
von Hirata Roshi

Zen, der meisterliche Weg

Zeig mir dein Zen

Die Geisteshaltung des *Zen* zeigt sich in den Wegen der Kampfkünste *(martial arts)* ebenso wie in den Wegen der schönen Künste *(fine arts)*.

Budo (japanisch: Militär-Weg, Kriegskunstweg, Weg des Krieges) ist der Oberbegriff für alle japanischen Kampfkünste, die außer der bloßen Kampftechnik noch eine »innere« Do-Lehre oder auch Philosophie beinhalten. Sie stehen somit gewissermaßen im Gegensatz zu den Bujutsu-Kriegskünsten.

Zen und Budo sind ohne einander undenkbar, denn sie haben sich seit achthundert Jahren gegenseitig beeinflusst und gemeinsam weiterentwickelt. Daraus entstand für die edle Elite ein Ehrenkodex, das *Bushido*, der auch dieser Tage im asiatischen Wirtschaftssystem nach wie vor spürbar ist.

Noch heute sind in den Ahnenreihen der geistigen Führer, ob Wirtschaftsboss, Politiker oder Künstler, vormals edle Samurai nachweisbar. Das Besondere dieser Kaste ist ihr Regelwerk, das im *Bushido* allen Kampf- oder schönen Künsten zu Grunde liegt. Darin sind folgende sieben Prinzipien aufgestellt:

GI	rechte Entscheidung aus der Ruhe des Geistes
YU	Tapferkeit
JIN	universale Liebe zu allen fühlenden Wesen
REI	richtiges Verhalten
MAKOTO	Aufrichtigkeit
MEIYO	Ehre und Ruhm
CHUGI	Loyalität und Hingabe

Zu den Kampfkünsten, die dem Bushido folgen, gehören:

- *Kendo und Jaido*, die Schwert-Wege
  Zielgerichtete Bewegung, Erkennen und Kontrollieren der Bewegung des Partners. Entweder ganz … oder gar nicht.
- *Judo, Karate-Do und Taekwondo*, die körperlichen Kampf-Wege
  Absolute physische und geistige Körperkontrolle des Gegners.
- *Aikido, Kinomichi und Tai Chi Chùan*, die Wege des sanften Kampfes
  Harmonie von Geist und Körper bei sich selbst und beim Partner.

- *Kyudo*, die Kunst des Bogenschießens
  Höchste Konzentration ohne Partner. Dynamische Meditation bis zur Vollendung.

Zur Übung des Zen in den Wegen der schönen Künste gehören:

Chado, der Teeweg
Kado (oder *Ikebana*), der Blumen-Weg
Kohdo, der Duft-Weg
Shodo, der Schreib-Weg
Haiku, das *Zen*-Gedicht

Diese sogenannten Wege haben gemeinsam, dass sie die Wortlosigkeit des *Zen* sichtbar machen können.

Einer solchen Bildhaftigkeit des *Zen* dienen schließlich auch die zehn Ochsenbilder, wofür die Abbildungen der zehn japanischen Original-Holzdrucke von Tokuriki ein Beispiel sind (siehe S. 22–35).

Das Besondere des Gedankengutes der Samurai ist die Auseinandersetzung mit Leben und Tod. Zum einen ist den Söhnen und Töchtern der Samurai von heute bewusst, dass jeder Fehler zum Tode führen kann. Zum anderen ist für sie der Tod etwas, dem sie ohne Angst begegnen können. Der Tod hindert den Samurai lediglich an der Erfüllung seiner loyalen Aufgaben. Dies führt zu einer anders niemals erreichten Kompetenz in der Erfüllung der einmal übernommenen Verpflichtungen.

Moderne Philosophen wie Peter Sloterdijk führen den allgemein beobachtbaren Werteverfall vor allem darauf zurück, dass viele Menschen der Überzeugung gemäß leben, es gebe keine »Abrechnung des gelebten Lebens nach dem Tode«. So entfällt ein Grund für gesellschaftlich solidarisches Verhalten.

Die Prinzipien des *Bushido* stehen diesem Trend klar entgegen.

Dojokun, die angemessene Haltung zur Übung

Budo ist ein Oberbegriff für die Kampfkunstarten, die unter dem Aspekt des Weges *(Do)* aus der »Technik des Kriegers« *(Bujutsu)* hervorgegangen sind und insbesondere in der Verbindung zum *Zen* einen ethischen Gehalt zugewiesen bekamen, wodurch sie zum »Weg des Kriegers« *(Budo)* wurden.

Nach der Bezeichnung der »Weg-Halle« *(Dojo)* als dem Ort, wo die Kampfkünste oder auch *Zazen* geübt werden, nennen sich die Regeln des Budo Dojokun als praktische Anleitung zur Übung der rechten Haltung.

Der Sage nach geht die erste Regel des *Dojokun* auf Bodhidharma und dessen Meditation im chinesischen Shaolin-Kloster zurück. Den heutigen Shaolin-Mönchen ist die Verwirklichung der höchsten Kampfkünste möglich auf der Grundlage der alten Leitsätze des *Dojokun*. Fünf davon führen in übergeordnete Bereiche des Menschseins und zeigen einen Weg *(Do)* auf, der über die rein technische Form *(Jutsu)* hinausführt zu geistiger Unabhängigkeit und Verwirklichung. Die Leitsätze des Dojokun lauten:

Trachte nach Vervollkommnung deines Charakters.

Vervollkomme die Ausgewogenheit deiner Gedanken und Taten im inneren Verhältnis zu dir selbst.

Überwinde Vorurteile, die dich befangen machen könnten, wie Überheblichkeit, Egoismus, Selbstüberschätzung, Ungerechtigkeit, Selbstmitleid und unkontrollierte Gefühle.

Verteidige die Wege der Wahrheit.

Kultiviere eine Haltung in dir, die dem Wohle der Welt, der Mitmenschen und aller fühlenden Wesen dient.

Pflege fruchtbare Beziehungen zu anderen und die Bereitschaft, mit den eigenen Ansprüchen in der rechten Weise mit der Welt im Gleichgewicht zu sein.

Pflege den Geist des Strebens.

Damit ist die Verwirklichung des Menschen in seinen persönlichen Lebenszielen gemeint. Wie Menschen im persönlichen Umfeld ihre Ziele setzen, bestimmt in einer übergeordneten Dimension den Frieden in der Welt.

Strebsamkeit allein, ohne Verantwortung und Verbindung zu einer reifen inneren Haltung, steht dem Leben entgegen.

Ehre den Geist der Etikette.

Auch allein in einem dunklen Zimmer sitzend, benimm dich so, als wäre ein geehrter Gast anwesend. Durch dieses bewusste Verhalten wirst auch du verstanden und angenommen. Dazu zählt die Verbeugung beim Betreten und Verlassen der Dojo oder vor dem Gegenüber zu Beginn und am Ende der Begegnung. Auch die schweigende Meditation *(Mokuso)* am Anfang und Schluss jeder Übungsstunde gehört dazu, wozu der Leiter den Übenden das Zeichen *(Seiza)* zum Sitz auf den Fersen gibt.

Verzichte auf Gewalt.

Deine innere Haltung im Leben wie auch im Wettkampf sei korrekt und ohne körperliche Gewalt.

In der Kampfkunst gibt es keinen ersten Angriff. Ein Meister ist keine Gefahr für die Gesellschaft, sondern ein Gewinn durch edles Vorbild. Ein wahrer Feindbesieger ist der, der die Feinde in sich selbst bezwingt.

Die Dan-Grade der Budo-Meister

Dan heißt so viel wie »Rang« oder »Stufe« und bezeichnet eine Art von Hierarchie der Meisterschaft nach Alter und Entwicklung. Dem Budo insgesamt liegt folgender Aufbau zugrunde:

Yudansha (technische Meistergrade)

Shodan = 1. Grad (des Suchenden nach dem Weg)

Nidan = 2. Grad (des Schülers am Anfang des Wegs)

Sandan = 3. Grad (des anerkannten Schülers)

Yondan = 4. Grad (des technischen Experten)

Kodansha (geistige Meistergrade)

Godan = 5. Grad-Renshi

Rokkudan = 6. Grad-Renshi (ab 35 Jahre)

Shichidan = 7. Grad-Kyoshi (ab 42 Jahre)

Hachidan = 8. Grad-Kyoshi (ab 50 Jahre)

Kudan = 9. Grad-Hanshi (ab 60 Jahre)

Judan = 10. Grad-Hanshi (ab 70 Jahre)

Eindrücklich und vor so manchem westlichen Jugendlichkeitswahn konservativ erscheinend ist hier die Bindung der höheren Grade der Reife an ein höheres Lebensalter.

Vorausgegangen ist bei einigen Wegarten, wie zum Beispiel aus den Judo-Klassen bekannt, das *Kyudan*- oder Gürtel-Rangsystem *(Mudansha)* nach folgender Einteilung:

Unterstufe:

6. Kyu (Rokkukyu) – weißer Gürtel

5. Kyu (Gokyu) – gelber Gürtel

4. Kyu (Yonkyu) – orangefarbener Gürtel

Oberstufe:

3. Kyu (Sankyu) – grüner Gürtel

2. Kyu (Nikyu) – blauer Gürtel

1. Kyu (Ichikyu) – brauner Gürtel

Von Stufe zu Stufe wird der Gürtel also dunkler, bis er schließlich mit dem 1. *Dan* das Schwarz der Meisterstufe erreicht. In dieser Zeit der Vorschulung ist natürlich die Technik und ihre Vervollkommnung der einzige objektive Maßstab, den der jeweilige Lehrer ansetzt.

Noch dunkler wird der Schwarzgurt der Meisterschaft mit der Zeit durch Schweiß und Abnutzung. Auf keinen Fall aber wird der Gürtel *(Obi)* gewaschen, denn er symbolisiert alle Phasen und Erfahrungen, die den Übungsweg eines *Budoka* kennzeichnen. Wäscht man den Gürtel, so löscht man die Erfahrungen.

Jeder Gürtel erzählt seine eigene Geschichte von Freud und Leid, von Freundschaft und Missverständnissen, von Erfolg und Misserfolg, von Stärke und Schwäche, Versagen und Schmerzen – eben von allen persönlichen Höhen und Tiefen. Der Gürtel ist das Abbild des Weges, den jeder Einzelne geht. Aus diesem Grund ist es beispielsweise für einen Übenden eine große Ehre, wenn ein Meister ihm als Anerkennung seinen Gürtel schenkt, der alle Wege seiner Übung, seines Werdens mitgegangen ist.

Jeder Gürtel ist auf eine besondere Weise mit dem Menschen verbunden, der ihn trägt. Er wird zu einem wertvollen Objekt, wenn der übende Mensch sich selbst und seine Kunst in Ehren hält. Gleichzeitig jedoch verliert er seinen Wert, wenn der Übende die Regeln des *Budo* verletzt – kein Kollege würde diesen Gürtel als Geschenk oder Erinnerung mehr haben wollen.

Wie der Gürtel so ist auch die getragene Kleidung, bestehend aus Jacke *(Uwagi)* und Hose *(Zubon)* in weißer Baumwolle, klassisch für die Übenden der *Budo*-Wege – einfach und sauber, ohne Unterschied zwischen Meister und Schüler – zumindest drückt sich ein Unterschied nicht äußerlich aus, sondern nur in der jeweils gelebten Stufe, die sich im *Dan*-Grad manifestiert.

Den wirklichen Meister aber interessiert weniger die Technik – er schaut vor allem auf die Geisteshaltung, die er über die jeweilige Technik hinaus lehrt. So weiß er auch, dass ein Krieg nicht dadurch gerecht wird, dass man ihn gewinnt. Ohne rechte innere Haltung gibt es keine rechte Wirkung.

Während der Mensch normalerweise den Wettkampf übt, um andere zu besiegen, übt er im **Budo** mit dem Ziel, sich selbst zu besiegen. **Budo** ist deshalb kein Weg der Rekorde. Die richtige Auffassung der Übung erfordert eine Haltung der Geduld gegenüber sich selbst und anderen Menschen.

Ein Übender der **Budo**-Wege muss lernen, geduldig und bescheiden zu sein.

So ist auch der Schwarzgurt des ersten **Dan (Shodan)** nicht etwa ein Zeugnis für errungene Meisterschaft, sondern lediglich der erste Schülergrad auf dem Weg, der hier erkennbar wird.

Der zweite **Dan (Nidan)** zeigt, dass der Schüler nun die Bedingungen – das Wie des Weges – durch seine rechte Haltung verstanden hat und weiß, worauf es ankommt. Aber noch weiß er nicht, ob er den Anforderungen des Weges wirklich gewachsen ist.

Der dritte **Dan (Sandan)** als »Grad des anerkannten Wegschülers« steht für die Unwiderruflichkeit des Weges, den er eingeschlagen hat. Auf diesem werden Gesetze ebenso wie Regeln mehr und mehr durch die rechte innere Haltung allen Dingen gegenüber ersetzt. Auf dieser Stufe beginnt der Schüler auch, seinen inneren Meister zu spüren, der ihn vorandrängt und nicht mehr loslässt.

Die vierte Graduierung *(Yondan)* zeigt den Schüler an der Grenze der rein körperlich erreichbaren Technik. Nun verinnerlicht er die Aspekte der Kunst seines Weges, indem er sie im **Dojo** und im Alltag lebt. Er sucht die Wahrheit in sich selbst und weiß, dass weiterer Fortschritt auf dem Weg nur durch den Sieg über sich selbst entsteht – nicht mehr durch Können, sondern durch Werden. Der vierte **Dan** ist die Vorstufe zur wahren Meisterschaft.

Von Gichin Funakoshi, einem Großmeister des **Karate-Do,** stammt die folgende Beschreibung zur Erlangung und Verdeutlichung der ersten **Dan**-Grade:

»Wenn ein Mann des Tao den ersten Dan erhält, wird er voller Dankbarkeit den Kopf beugen. Wenn er den zweiten Dan erhält, wird er seinen Kopf und seine Schultern beugen. Wenn er den dritten Dan erhält, wird er sich tief bis zur Hüfte beugen und still nach Hause gehen, damit ihn keiner sieht.

Wenn der kleine Mann seinen ersten Dan erhält, wird er nach Hause laufen und es jedermann erzählen. Erhält er seinen zweiten Dan, wird er auf die Dächer klettern und es jedermann zurufen. Erhält er seinen dritten Dan, wird er in sein Auto springen und hupend durch die Stadt fahren.«

Von Meister Gichin Funakoshi stammt auch der Leitsatz:

»Intuition ist wichtiger als Technik. Das Leben ist ein Kampf und wird immer einer sein. Welchen Wert jedoch hat ein Mann, wenn er zwar Kraft, aber keine Philosophie hat?«

Welchen Wert hat also die Wirkung in der Welt ohne die rechte Haltung gegenüber dem Leben? In Wachsamkeit geschulte Intuition macht den Menschen aufmerksam für die Gefahr, noch bevor sie eintritt. Die Intuition ist damit der Technik – und sei sie noch so perfekt – menschlich überlegen.

Aus der Graduierung der zehn **Dan**-Grade ergibt sich eine interessante Parallele zu den zehn Ochsenbildern, die den Weg der Suche nach dem wahren Wesen und dessen Schau *(Kensho)* im **Zen** beschreiben (siehe S. 22–35).

Kyudo, der Weg des Bogenschießens

Prof. G. Inagaki, 9. Dan Kyudo Hanshi

»**Zen** in der Kunst des Bogenschießens« ist für den westlichen Menschen vielleicht eine der bemerkenswertesten Ausdrucksformen dieses geistigen Weges in gelebter Gestalt. Das gilt schon seit der deutsche Eugen Herriegel 1930 im gleichnamigen – mittlerweile zum Klassiker gewordenen – Buch seinen 6-jährigen Übungsweg bei Meister Kenzo Awa in Japan beschrieb.

In Deutschland war wohl vor allem Feliks Hoff derjenige, der 1969 die erste **Kyudo**-Schule in Hamburg gründete und damit die Kunst des Bogenweges bekannt machte. Beim ersten Internationalen **Kyudo**-Symposium 1994, ebenfalls in Hamburg, gab auch Hoffs Lehrer aus Japan, Genshiro Inagaki (Jahrgang 1919, 9. Dan Hanshi), eine öffentliche Demonstration dieser Kunst.

Feliks Hoff selbst, Träger des 6. Dan und mehrfacher deutscher und europäischer Meister, zitierte einmal die Broschüre der Japan Air Lines (JAL 1982), in der **Kyudo** so beschrieben wird:

»Arrows of pure spirit (Pfeile reinen Geistes)
Kyudo hat mehr als andere Sportarten ein extrem enges Verhältnis zum Zen. Da die größte Bedeutung auf dem Ritual vor dem Abschuss des Pfeils liegt – ein Ritual, das auf die Beruhigung des Gemüts und darauf gerichtet ist, den Pfeil durch die Kraft des Willens ins Ziel zu bringen –, kommt der intensiven Meditation größere Bedeutung zu als den physischen Aspekten.«

42

Wenn alles stimmt,
dann triffst du blind

Deine Hand hält den Bogen, der fest ist. Der Pfeil ruht lose auf deiner Hand und ist der ganzen Spannung der Sehne und deines Geistes ausgesetzt, ohne dass die Spannung im Pfeil spürbar wäre. Die Kraft der Anspannung ist so lange in dir, bis der Pfeil diese Kraft übernimmt wie ein Regentropfen, der vom Blatt fällt und beim Aufschlagen eine Krone zaubert.
Wer schießt da eigentlich was?

Der Schütze hat sich selbst aufgelegt. Er ist der Pfeil. Sich selbst wegschießen. Sich selbst ins Ziel bringen. Darum geht es. Eins sein mit dem *Mato* (Ziel), mit dem Tun, mit dem Moment des Tuns.

Dein Schuss trifft immer! Die Frage ist lediglich, wen oder was der Schuss trifft, aber treffen wird er auf jeden Fall, das ist sicher.

Wenn also jeder deiner Schüsse trifft, wäre es da nicht sinnvoll, sich ganz dafür einzusetzen, dass er das von dir bestimmte Ziel trifft? Es gibt keinen Schuss ohne ein solches. Sicher, es gibt Schüsse, die nicht da landen, wo du es wolltest – aber treffen wird jeder Schuss! Das ist der Grund dafür, dass man Geist und Haltung in diesem einen Moment ganz in Übereinstimmung bringen soll.

Dennoch wird es dir immer wieder passieren, dass ein Pfeil nicht das gewünschte Ziel trifft. Geschieht das, ist es ein sicherer Hinweis darauf, dass in deiner harmonischen Entwicklung etwas noch nicht ganz stimmig ist. Denn wenn alles stimmt – triffst du blind! Dann stimmen dein Stand, die Atmung, die Haltung, die Fußstellung, der Blick, der Winkel des Handgelenks, die Schulterposition, das Gleichgewicht, der Zug der Sehne, die Gradzahl des Bogens, die Arretierung des Pfeils, die Kopfdrehung, der Mittelpunkt, der Schwerpunkt, die Linie zum Ziel, das Gerät, die Pfeillänge, die Schrittbreite, der Führungsdaumen, die Hüftstellung, das Loslassen, das Nichtdenken, der **Zen**-Geist … Alles stimmt.

Nicht auszudenken, welche Ergebnisse möglich wären, wenn wir uns ganz darauf einlassen würden. Wenn wir ruhigen Geistes und hellwach eins würden mit dem, was wir tun.

Und wenn ein Schuss danebengeht? Na und? Dann waren Geist und Haltung noch nicht eins mit dem Ziel. Sind Geist und Haltung eins mit dem Ziel, triffst du blind!

Bogenschütze von Korai

43

Kyudo,
Meisterschaft im Bogenschießen

Die Legende vom größten Bogenmeister aller Zeiten

Die Geschichte vom größten Bogenmeister aller Zeiten wurde mündlich überliefert und von Professor Fritz Hungerleider gern im Rahmen seiner *Sesshin* erzählt. Sie soll dieses Kapitel über »*Zen*, der meisterliche Weg« angemessen beschließen:

In Hantan, der Hauptstadt der alten chinesischen Provinz Chao, lebte einst ein Mann namens Chi Chang, der zum größten Bogenschützen der Welt werden wollte. Nachdem er sich weithin umgehört hatte, war er sicher, dass es keinen besseren Lehrer als Wei Fei geben könne. Man hatte ihm berichtet, die Kenntnisse dieses Meisters seien so groß, dass er einen ganzen Köcher Pfeile in ein einziges Weidenblatt schießen könne, das sich hundert Schritt weit entfernt befinde.

Also reiste Chi Chang in die ferne Provinz, wo der Meister lebte, und wurde Wei Feis Jünger. Seine erste Lektion war, sich darin zu üben, niemals zu blinzeln. Chi Chang kehrte nach Hause zurück, und sobald er sein Haus betreten hatte, kroch er unter den Webstuhl seiner Frau und legte sich auf den Rücken.

Sein Plan war es, ohne zu blinzeln, auf das Trittbrett zu starren und zu beobachten, wie es sich unmittelbar vor seinen Augen auf und ab bewegte. Seine Frau war nicht wenig erstaunt, ihn in dieser Haltung vorzufinden, und sagte ihm, sie könne nicht weben, wenn ein Mann sie aus diesem Blickwinkel anstarre, auch dann nicht, wenn es sich um ihren eigenen Gatten handle. Aber es blieb ihr nichts anderes übrig, sie musste ihn gewähren lassen.

Tag um Tag nahm Chi Chang seine seltsame Lage ein und übte Anstarren. Nach zwei Jahren war es so weit, dass er nicht einmal mehr blinzelte, wenn sich eines seiner Augenlider im Pedal verfing. Er schlief auch mit weit geöffneten Augen, so sehr hatte er seine Augenmuskeln in seiner Gewalt.

Als er eines Tages vor sich hin starrte, wob eine kleine Spinne zwischen seinen Lidern ihr Netz. Danach wurde er wieder bei seinem Meister vorstellig.

»Nicht zwinkern ist der erste Schritt«, sagte Wei Fei. »Nun musst du sehen lernen. Du musst dich darin üben, Dinge so zu betrachten, dass du Unbedeutendes als bedeutend und Kleines als groß ansiehst. Hast du das gelernt, so besuche mich wieder.«

Chi Chang kehrte wieder heim. Er ging in seinen Garten und suchte ein kleines Insekt, das setzte er auf einen Grashalm und befestigte diesen am Fenster seiner Studierkammer. Er bezog nun am Ende seines Zimmers Posten und starrte täglich auf das Insekt.

Zuerst konnte er es kaum wahrnehmen, aber nach zehn Tagen kam es ihm schon etwas größer vor. Am Ende des dritten Monats schien es die Größe einer Seidenraupe zu haben.

Während Chi das Insekt anstarrte, merkte er gar nicht, dass die Jahreszeiten wechselten. Nur das kleine Tier auf dem Grashalm existierte für ihn. Wann immer ein Insekt starb, hatte sein Diener den Auftrag, ein gleich großes auf den Grashalm zu setzen. Für seine Augen jedoch wurde es immer größer.

Drei Jahre hindurch verließ er nie seine Studierstube. Eines Tages erschien ihm das Insekt so groß wie ein Pferd.

Da verließ er eilends das Haus. Er konnte kaum seinen Augen trauen: Pferde schienen so groß wie Berge zu sein, Schweine kamen Hügeln gleich, und Hühner nahmen in seinen Augen die Ausmaße von Schlosstürmen an.

Außer sich vor Freude rannte er zurück, und sogleich kerbte er einen dünnen Shuo-Peng-Pfeil auf einen Schwalbenbogen. Er zielte und schoss dem Insekt mitten in den Leib, ohne den Grashalm, auf dem es saß, auch nur zu berühren.

Davon berichtete er Wei Fei, den er danach aufsuchte, und der schien nun auch beeindruckt und sagte: »Gut so!«

Fünf Jahre waren vergangen, seit Chi sich in die Mysterien des Bogenschießens zu vertiefen begonnen hatte. Nichts in der Kunst des Bogenschießens schien nunmehr noch außerhalb der Reichweite seiner Fähigkeiten zu liegen. Um sich selbst zu bestätigen, stellte er sich eine Anzahl verschiedener Aufgaben.

Zuerst entschloss er sich, mit der Geschicklichkeit von Wei Fei zu wetteifern, und es gelang ihm, aus einer Entfernung von hundert Schritt jeden Pfeil in ein Weidenblatt zu schießen. Einige Tage danach unternahm er die gleiche Aufgabe, diesmal aber nahm er seinen schwersten Bogen und balancierte gleichzeitig auf seinem rechten Ellbogen ein Gefäß, das bis zum

Rand mit Wasser gefüllt war. Nicht einen Tropfen vergoss er, und wieder traf jeder Pfeil das Ziel.

Die Woche darauf nahm er hundert leichte Pfeile und schoss sie rasch hintereinander auf das ferne Ziel. Der erste traf ins Schwarze. Der zweite durchbohrte den ersten Pfeil bis zur Kerbe, der dritte Pfeil nahm seinen Platz in der Kerbe des zweiten ein, und so ging es fort, bis alle hundert Pfeile in einer einzigen Geraden zusammengefügt waren, die vom Ziel bis zum Boden führte. Selbst Meister Wei Fei, der ihn beobachtet hatte, musste ihm ein »Bravo!« zurufen.

Als Chi zwei Monate danach endlich wieder nach Hause kam, empfing ihn seine Frau fluchend, weil er sie so lange vernachlässigt hatte. Um sie von ihrem zänkischen Wesen zu heilen, nahm er einen Chi-Wei-Pfeil und legte ihn auf einen Rabenbogen, zog die Sehne weit aus und schoss gerade entlang oberhalb eines ihrer Augen. Der Pfeil nahm ihr drei Wimpern weg, aber die Geschwindigkeit war so groß und so sicher seine Hand, dass sie es nicht einmal bemerkte und fortfuhr, ihren Mann auszuschimpfen.

Chi Chang konnte von Wei Fei nun nichts mehr lernen. Solange der Meister jedoch noch lebte, konnte sich Chi nicht als größten Bogenschützen bezeichnen. Obwohl er sich in der Kunst ebenbürtig wusste, konnte er ihn doch nicht übertreffen.

Als er eines Tages durch die Felder ging, sah Chi Meister Wei Fei in der Ferne. Ohne Zögern hob er den Bogen an, legte einen Pfeil auf und zielte. Sein alter Meister erkannte in Gedankenschnelle, was da vor sich ging, und legte ebenfalls einen Pfeil auf. So schossen beide gleichzeitig. Auf halbem Wege trafen sich die Pfeile und fielen zu Boden.

Chi schoss sogleich einen zweiten Pfeil ab, aber auch dieser wurde von einem neuen Pfeil von Wei Fei getroffen. Dieses seltsame Duell dauerte so lange, bis der Köcher des Meisters leer war. Dem Schüler Chi jedoch verblieb noch ein Pfeil.

»Jetzt habe ich meine Chance«, murmelte Chi und zielte sogleich. Wei sah das und brach einen Zweig von einem Weißdornbusch neben ihm. Als er den Pfiff des Pfeiles schon nahe an seinem Kopf spürte, hieb er mit der Spitze des Dorns stark auf die Pfeilspitze und brachte ihn damit zu Boden.

Als er erkannte, dass sein übles Vorhaben durchkreuzt worden war, bekam Chi Gewissensbisse. Wei Fei jedoch war so glücklich, dem Unheil entgangen zu sein, und so zufrieden mit dem jüngsten Beispiel seiner Virtuosität, dass er auf den Beinahemeuchelmörder gar nicht böse war. Beide rannten aufeinander zu, wobei sie Tränen der Liebe vergossen.

»Mein Freund«, sagte Wei, »wie du selbst merkst, habe ich dir alle meine Kenntnisse im Bogenschießen übermittelt. Wenn du dich weiter in diese Mysterien vertiefen möchtest, überquere den hohen Ta-Hsing-Pass und klettere auf die Bergspitze Ho. Dort kannst du den bejahrten Meister Kan Ying treffen, der in der Kunst des Bogenschießens in keinem Zeitalter seinesgleichen hat. Mit dessen Kunst verglichen ist unser Bogenschießen nur ein Kinderspiel. Wenn er noch lebt, suche ihn auf, und werde sein Schüler.«

Chi reiste sogleich nach Westen. War er tatsächlich so weit entfernt vom Ziel? Nach einem Monat erreichte er die Bergspitze Ho und betrat ungestüm die Wohnhöhle Kan Yings. Dieser war ein sehr alter Mann mit Augen so gütig wie die eines Schafes. Gebeugten Rückens schleifte er seine langen weißen Haare hinter sich her. Da Chi dachte, ein so uralter Mann müsse auch taub sein, verkündete er brüllend:

»Ich bin gekommen, um herauszufinden, ob ich wirklich ein so großer Schütze bin, wie ich denke!«

Ohne auch nur eine Antwort abzuwarten, nahm er seinen großen Pappelbogen, legte einen Tsu-Chi-Pfeil auf, visierte einen Schwarm fliegender Vögel an, die hoch über ihnen dahinzogen, und schoss. Sogleich stürzten fünf Vögel, von dem einen Pfeil getroffen, herab.

Der Alte lächelte geduldig und sagte: »Aber, lieber Herr, das war doch nur Mit-Pfeil-und-Bogen-Schießen. Habt Ihr denn nicht Schießen-ohne-Schießen gelernt? Erlaubt mir nun, Herr, Euch zu zeigen, worin die Bogenkunst wirklich besteht. Solange man noch Bogen und Pfeil braucht, befindet man sich noch an der äußeren Grenze der Kunst. Wahre Bogenkunst befreit einen von Pfeil und Bogen.«

Gerade über ihnen zog ein einsamer Falke seine Bahn. Der Eremit sah zu ihm hinauf und legte einen unsichtbaren Pfeil auf einen körperlosen Bogen auf, zog die Sehne durch und ließ los. Im nächsten Augenblick erstarrte der Falke mitten im Flügelschlag und fiel wie ein Stein zu Boden.

Chi war entgeistert. Zum ersten Mal erkannte er die Grenzen der Kunst, die er so gern meistern wollte.

Neun Jahre blieb er auf dem Berg. Niemand erfuhr jemals, welchen Übungen er sich in dieser Zeit unterzog.

Als er nach Hause zurückkam, waren alle erstaunt über die Verwandlung, die mit ihm vorgegangen war. Sein ehemals arrogantes Verhalten war verschwunden. Die Bewohner von Hantan priesen Chi Chang als den größten Bogenschützen des Landes und erwarteten ungeduldig das große Fest, das bald gefeiert werden sollte. Aber Chi Chang tat nichts, um ihren Erwartungen zu entsprechen. Nicht ein einziges Mal nahm er Pfeil und Bogen zur Hand. Wenn man ihn ersuchte, die Dinge zu erklären, sagte er in müdem Ton: »Die letzte Stufe der Aktivität ist die Nichtaktivität. Die letzte im Schießen ist das Nichtschießen.« Immer mehr einsichtsvolle Bürger begannen ihn zu verstehen und standen ehrfurchtsvoll vor dem großen Bogenschützen, der es ablehnte, einen Bogen auch nur zu berühren.

Während sein Ruhm bis zu den Wolken drang, wurde Chi alt. Vierzig Jahre nachdem er vom Berg heruntergekommen war, verließ er friedlich diese Welt. Während all der Jahre hatte er niemals mehr die Bogenkunst erwähnt. Aus seinem letzten Lebensjahr wird berichtet, dass er bei einem Besuch eines Freundes auf dessen Tisch ein ziemlich gewöhnliches Ding liegen sah. Er konnte sich nicht daran erinnern, was das war. Schließlich fragte er den Freund: »Bitte, mein Lieber, sage mir doch, wie nennt man gleich dieses Ding da, und wozu dient es?«

Der Freund starrte gebannt auf Chi Chang, und als er ganz sicher war, dass er richtig gehört hatte und der Alte weder verrückt war noch im Scherz gesprochen hatte, erwiderte er in ehrfürchtigem Tone: »O Meister, du musst tatsächlich der größte Bogenmeister aller Zeiten sein. Nur so konnte es geschehen, dass du den Bogen vergessen konntest – seinen Namen und seine Verwendung.«

Es wird berichtet, dass nach diesem Ereignis in der Stadt Hantan die Maler ihre Pinsel wegwarfen, die Musiker die Saiten ihrer Instrumente zerrissen und die Schreiner sich ihrer Maßstäbe schämten.

Enso – Der Kreis

Seijaku,
die Kraft
der Stille

Meister der Stille

Roshi heißt in der *Zen*-Tradition »alter Meister« und ist ein Ehrentitel, der einem alten, weisen, gereiften Lehrer von denjenigen, die ihn kennen, zuerkannt wird.

Zen-Meister sind Meister der Stille. Das heißt jedoch nicht, dass sie lahm sind oder zurückgezogen leben oder gefühlsarm und nicht präsent sind. Ihre Fähigkeit ist genau das: lebendig, punktgenau und hellwach im Moment zu leben!

Ein *Roshi* ist im Grunde genommen einer, der sein *Training for Life,* sein Lebenstraining, abgeschlossen, die Lektionen seines Lebens gelernt hat. In vollkommener Weise ist nun jeder Moment seines Lebens für ihn erfüllt.

Das lebt er zumeist sehr bescheiden, ohne dass man es gleich merkt, sehr subtil und ohne Spuren zu hinterlassen.

Es ist ein »konzeptionsloses Leben«, das sich in jeder Sekunde der jeweiligen Situation angemessen verwirklicht. Ein *Roshi* handelt genau so, dass jeder Augenblick seines Lebens erfüllt ist. Dabei fehlt es ihm an nichts, und es ist ihm auch nichts zu viel. Wenn ein *Roshi* eine Zeremonie leitet, ist er ganz und gar Zeremonienmeister. Singt er bei einer kleinen Feier ein chinesisches Lied, so ist er ganz und gar chinesische Melodie. Gibt er jemandem Einzelunterweisung, dann sitzt da ein Tiger vor dem Schüler, hellwach und reaktionsschnell! Und unterhält er sich mit jemandem über

Hoko-Ji-Tempel
in Okujama,
Japan

ein Alltagsthema, dann sitzt da vor einem ein ganz freundlicher alter Mann, den man von Herzen gern haben muss.

Zen ist natürlich auch Frauensache. Seit Jahrhunderten schulen sich Frauen, genau wie Männer, auf dem *Zen*-Weg, und in gleicher Weise haben sie im Laufe des *Zen*-Trainings ihren ganz persönlichen Ausdruck gefunden, der sie ebenso hellwach, präsent, freundlich, diszipliniert und gezielt zugleich jeden Moment erfüllt leben lässt.

Ein Roshi ist also lebendiger Ausdruck eines langen *Zen*-Trainings und der Mittelpunkt der Atmosphäre, die in einem Kloster herrscht. Ein Roshi wirkt einfach nur, ohne zu werkeln.

Wie nun ist er zu so jemandem geworden?

Er erwarb seine Meisterschaft von der »Pike auf«, indem er alle Stadien des *Zen*-Weges absolvierte. Als Jüngling, mit 17 Jahren, hat er tagelang vor dem Klostertor gesessen und um Einlass ersucht. Nach einigen Tagen ist er dann vielleicht eingelassen worden und hat als Novize hart gearbeitet – sei es im Garten beim Rettichpflanzen, sei es auf Bettelgang in der Stadt, als er

mit nackten Füßen in Sandalen durch den Schnee lief, sei es im Kloster, als er Gänge, Hallen und Latrinen putzte.

Später dann, als ihm das Leben im Kloster vertraut war, hat er das Amt des Küchenchefs übernommen und für das leibliche Wohl der anderen Mönche gesorgt. Und er hat auch das leitende Amt in der Verwaltung ausgefüllt und war für die Finanzen, den geordneten Ablauf im Kloster und die Beziehungen des Tempels nach außen zuständig.

Als älterer gereifter Mönch hat er die Leitung in der Meditationshalle übernommen und jahrelang in Strenge die Meditationen, Zeremonien und Arbeiten angeleitet. Nach vielen Jahren ist er dann selbst Lehrer geworden und hat zahlreiche Generationen junger Schüler belehrt, erzogen und zur Reife geführt, immer mit dem Ziel, die Schüler so schnell wie möglich zur Einsicht in ihr eigenes Wesen gelangen zu lassen und ihnen die Fähigkeit zu geben, »allein zu gehen«.

So hat er ein Leben lang die Gesetzmäßigkeiten im Kloster von klein auf bis zur Vollendung erfahren, und dabei ist ihm nichts fremd geblieben.

Roshi in Nadelstreifen

»*Roshi* in Nadelstreifen« bedeutet nichts anderes als die Übertragung dieser Geisteshaltung auf ein Unternehmen, eine Firma, einen Betrieb. Ein Mensch dieser Lebens- und Geisteshaltung ist das Zentrum einer Firma. Er drückt in allen Handlungen den Geist des Unternehmens aus. Darüber hinaus ist er ein Mensch, der eine Firma in voller Reife und bewusster Verantwortlichkeit leitet.

Die Firma – das sind all die Menschen, die dort arbeiten und leben: *»People make the enterprise«* – es sind die Menschen, die ein Unternehmen ausmachen.

So ein *Roshi* in Nadelstreifen ist in jedem Moment Autorität und bestimmt das Klima. Er ist derjenige, der für alle anderen die Möglichkeiten schafft, sich zu entwickeln und im Sinne der gemeinsamen Unternehmung

zu wachsen. Ein *Roshi* hat Charisma: Charisma ist der Beitrag eines Menschen zum Wachstum anderer Menschen.

Geschichte eines Roshi in Nadelstreifen

Shiro Okumura ist ein erfolgreicher Automobilhändler im modernen Japan des 21. Jahrhunderts. Er handelt mit traditionellen teuren Fahrzeugen ebenso geschickt wie mit importierten europäischen Nobelmarken.

Im vergangenen Jahr war Shiro mehrfach in der Öffentlichkeit aufgetreten. Man hatte ihn zum »Manager des Jahres« gewählt, und so kam es, dass er auch zu Talkshows im Fernsehen eingeladen wurde. Das machte ihn schnell bekannt und schadete seinem Image ebenso wenig wie seinen Umsätzen. Er hatte den Betrieb vor einigen Jahren von seinem Vater übernommen und mit gutem Gespür für die richtigen Entscheidungen ein florierendes Unternehmen mit vielen Filialen daraus entwickelt.

Eine persönliche Seite, die vielen Menschen bisher verborgen geblieben war, war sein Interesse an der Geisteshaltung des **Zen**. Zu Hause hatte er sich eine kleine **Zendo** (**Zazen**-Übungsraum) eingerichtet. Dort übte er morgens und abends die Versenkung in die geistige Konzentration. Ab und zu nahm er in der Gemeinschaft anderer **Zen**-Schüler an einem Übungswochenende teil, einem sogenannten Sesshin, das unter Anleitung eines *Jikijitsu* (**Zen**-Übungsleiter) stattfindet.

Dort, im **Zen**-Tempel, begegnete Shiro Okumura seinem jetzigen **Zen**-Lehrer Mohito Mijatchi. Die Schüler nennen ihn voller Anerkennung **Roshi**. Mohito Mijatchi ist ein Meister in der Kunst, den Pinsel zu führen. In dieser Kunst des Schreibens, dem Weg der Tuschspuren *(Shodo)*, drückt sich auf unerklärliche Weise seine tiefe Weisheit aus.

In der geistigen Auseinandersetzung treibt der **Roshi** seine Schüler behutsam, aber konsequent auf dem Weg der Erkenntnis voran. Das Zurücklegen des Weges wird in dieser Auseinandersetzung Stück für Stück von einer zu lösenden geistigen Aufgabe präsentiert. Diese Aufgabe (das **Koan**) muss vom Schüler gelöst werden, wobei seine Art der Lösung seinen Entwicklungsstand verrät. Im Laufe der Jahre war in Shiro eine tiefe Verehrung für seinen Lehrer gediehen. Im Stillen fand Shiro sogar, dass Mohito sein aufrichtigster Freund geworden war – aber das hatte er ihm nie gesagt.

Einmal hörte Shiro Okumura seinen Meister sagen: »Für deine Übung ist jeder Ort richtig.«

Gehört hatte er dies im Laufe der geistigen Auseinandersetzung immer wieder – verstanden, in seiner ganzen Tiefe erfasst, hatte er diesen Satz jedoch nie.

Eines Tages hielt der **Roshi** im Kreise der **Shanga** (die Gemeinschaft der Übenden) einen Vortrag *(Teisho)* mit dem Titel: »Für deine Übung ist jeder Ort richtig.«

Alle hörten dem **Roshi** aufmerksam zu. Und Okumura hatte das Gefühl, jeder habe den Meister verstanden – nur er wieder nicht. So entschloss er sich, dem Roshi bei passender Gelegenheit seine Zweifel, seine Irritation, sein Unverständnis zu gestehen.

Etwa ein Monat war seitdem vergangen, als sie sich bei einer Schale grünem Tee gegenübersaßen und Shiro den alten Meister auf diesen Satz ansprach.

»**Roshi**, **Zen** ist nichts fürs Geschäft. Du müsstest einmal zu mir ins Büro

kommen, dann würdest du nicht mehr sagen, dass jeder Ort richtig sei für die Übung.«

Der **Roshi** nahm vier Schluck vom Tee, drehte seine Schale in eine gute Position, stellte die Schale ab und sagte freundlich zu ihm:

»Du arbeitest in einem Büro. Ich arbeite in einem Tempel. Gibt es einen Unterschied, oder gibt es keinen Unterschied? Shiro, für deine Übung ist jeder Ort richtig. Zeig mir dein Büro, lass mich einen Tag mit dir an diesem Ort im Alltag üben.«

Shiro dachte, er höre nicht recht: »Was? Du kannst doch nicht in mein Büro kommen – wir verkaufen Autos! Da laufen alle mit Schlips und Anzug herum! Du kannst nicht mit deinem **Hakama** (Hosengewand der **Zen**-Übenden) bei mir auftauchen, die erklären mich für verrückt!«

Der alte Roshi lächelte verständnisvoll und schlug vor: »Gib mir einen Schlips und einen Anzug, und ich werde gar nicht auffallen.«

Shiro Okumura nahm seinen ehrwürdigen Lehrer erst beim Wort – und ließ dann Maß für einen Anzug nehmen.

Am ersten Tag des nächsten zunehmenden Mondes traf der **Roshi** gut gekleidet pünktlich um acht Uhr in der Frühe im Büro ein. Meister und Schüler begrüßten sich mit einer leichten Verbeugung und zusammengelegten Händen, wie zwei Judoka, die sich den Regeln auf der Matte unterwerfen, um den Kampf zu üben.

Shiro Okumura bot dem Geschäftsmann-**Roshi** einen Platz an und erklärte ihm seinen für heute geplanten Tagesablauf:

»Um halb neun ist Verkäuferbesprechung, da habe ich alle Verkäufer und Verkaufsleiter hier. Um zehn kommt der Architekt, wir planen eine neue Ausstellungshalle für Neuwagen. Um elf halte ich eine kurze Begrüßungsansprache vor einer Gruppe von Marketingstudenten, die uns besucht. Um halb zwölf gehen wir dann kurz ins Büro meines Chefbuchhalters, der heute Geburtstag hat. Wenn du mich um zwölf zum Essen begleitest, lernst du meinen wichtigsten Konkurrenten kennen. Der verkauft zur Zeit doppelt so viele Autos wie wir; allerdings nicht so exklusive.

Heute Nachmittag gehe ich dann schnell die Tagespost durch und diktiere kurz einige Briefe. Ja und dann, so gegen fünf, kommt unser wichtigster Kunde, das ist der Fuhrparkleiter eines Großabnehmers – so etwas nennen wir ein Flottengeschäft. Mit dem muss ich immer mal ein paar Takte reden. Um sechs habe ich normalerweise einen Termin bei meinem Masseur, da gehen wir aber nur hin, wenn dir das recht ist. Ich kann es dir jedoch nur empfehlen, damit wir heute Abend fit sind. Da findet nämlich das Fernsehinterview im Rahmen der Tokio-Motor-Show statt.«

Mohito Mijatchi lächelte und saß aufrecht und gerade auf dem ihm zugewiesenen Stuhl.

»Hast du verstanden Mohito? Wir haben also genug zu tun heute, oder?«, fragte Shiro.

Der *Roshi*, heute in Nadelstreifen, blickte ihn freundlich an und nickte. Dann sagte er: »Ja, Shiro, ich habe alles verstanden. Du willst heute reden, essen und entspannen. Die Reihenfolge hast du schon festgelegt.«

Gerade wollte Shiro einen Stapel Papier zusammenschieben, als es an der Bürotür klopfte. Schon öffnete sich die Tür, und ein vor Aufregung glühendes Gesicht mit schief sitzender Brille erschien im Türspalt.

»Ich bitte um Verzeihung, Okumura-san, aber es gibt da eine wichtige Sache. Ich störe ungern, aber die Polizei ist im Haus wegen eines Einbruchs heute Nacht. Ein Wagen wurde gestohlen. Und, noch schlimmer: Zwei Autos wurden aufgebrochen und beschädigt. Was sollen wir jetzt tun, Okumura-san?«

Shiro blieb ganz gefasst und sagte: »Verschieben Sie die Verkäuferbesprechung um eine halbe Stunde, ich komme gleich.«

Da klingelte das Telefon. Shiro nahm ab. Seine Sekretärin war dran und sagte, dass das Fernsehen das Interview für die Tokio-Motor-Show gern aufzeichnen wolle und, weil Minister Takanaka darum gebeten habe, den Termin auf halb sechs vorverlegt habe. Man gehe von seinem Verständnis und entsprechender Flexibilität aus. Halb sechs also.

Eine Sekunde zögerte Shiro nun doch, bevor er den Telefonhörer betont sanft auflegte.

Zu seinem *Roshi* gewandt sagte er: »Tut mir leid, Mohito, aber was würdest du machen, wenn du die Polizei im Hause hättest? Das ist höhere Gewalt. Wir müssen flexibel sein. Laß mich nur eben die Termine umstellen.«

Der *Roshi* saß aufrecht und gerade auf dem ihm zugewiesenen Stuhl und lächelte.

Shiro sagte dann: »Oh, bevor ich es vergesse, erinnere mich bitte daran, dass wir den Chauffeur umbestellen, wegen des Interviews.«

Schon hatte Shiro neue Anweisungen parat, die er über die Gegensprechanlage an sein Vorzimmer weitergab.

Etwas mehr an sich selbst gerichtet murmelte er gerade: »So, wo waren wir stehen geblieben? Ach ja, die Termine …«, als erneut das Telefon klingelte. Er nahm ab:

»Bitte, ich möchte jetzt nicht – ach so – na gut.« Er hielt die Sprechmuschel zu und flüsterte zum *Roshi* gewandt: »Meine Mutter.«

Dann, als ob Shiro das Ritual kennen würde, setzte er sich hinter seinen Schreibtisch.

»Mutter, das ist jetzt ganz schlecht … Was? … Bitte bleib ganz ruhig, ich komme!«

Zwei Stunden später, um genau 11.03 Uhr, hielt der starke Shiro seine Mutter in den Armen, stützte und beschützte sie angesichts der Nachricht vom Tod seines geliebten Vaters.

Die Ärzte im Krankenhaus hatten alles unternommen, um seinen herzkranken Vater zu retten. Der Ruf des Schicksals aber war stärker gewesen.

Sein alter *Roshi* – in Nadelstreifen – war ganz Mitgefühl. Er lächelte immer noch, aber irgendwie anders. Sein Jackett war komplett zugeknöpft, allerdings um einen Knopf versetzt.

Shiro bemerkte das und hörte im Geiste noch einmal die Worte vom Morgen: »Du willst heute reden, essen und entspannen. Die Reihenfolge hast du schon festgelegt.«

Ganz plötzlich und unerwartet trat da der alte *Roshi* vor Shiro hin, der noch immer seine Mutter im Arm hielt, und sagte leise, aber scharf und bestimmt:

»Sag dem Arzt, du willst deinen Vater sehen. Jetzt gleich! Sag ihm das!«

So kam es, dass Shiro sich einige Zeit später am Totenbett seines Vaters einfand. Der alte *Roshi* stand hinter ihm und beugte sich vor, um zu Shiros Vater zu sprechen, den er noch nie zuvor gesehen hatte. In ganz normaler Lautstärke wandte sich der *Roshi* an Shiros Vater:

»Komm, das kannst du doch nicht machen. Du hast dich noch nicht von deiner Frau und deinem Sohn verabschiedet. Mach das noch. Komm noch einmal zurück. Und dann geh ganz ruhig und in Liebe.«

Shiro war irritiert. Es war ihm, als ob sein Vater für einen Moment ganz sanft die Augen öffnete. Und jetzt war es gut. Jetzt war es wirklich gut. Shiro weinte und umarmte den alten *Roshi*. Dann flüsterte er: »Für meine Übung ist jeder Ort richtig. Lass uns gehen.«

Er drückte noch einmal sachte die Hände seines verstorbenen Vaters und übernahm in tiefer Ruhe dessen Lebenswerk. Auch wenn es Händler gab, die doppelt so viele Autos verkauften wie sein Unternehmen, diese Ruhe sollte nun Teil seines Alltags sein.

*Sei Sen An-Teehaus
(Quelle-der-Reinheit-
Klause), von Sotai M.
Knipphals*

Seijaku, die Kraft der Stille

Wenn die japanische Fluggesellschaft Japan Air Lines für ihre Executive Class unter der Überschrift »Kraft der Stille« wirbt, dann kommt darin sicher mehr als nur eine Kampagne zum Ausdruck – es zeigt wohl eher eine typische Quelle der Kraft japanischer *Zen*-Kultur. Es muss etwas Besonderes um den Bezug zur Stille geben, was dazu führte, dass Karlfried Graf Dürckheim seinem ersten Buch im Jahre 1950 den Titel »Japan und die Kultur der Stille« gab, nachdem er selbst neun Jahre dort gelebt hatte.

Ähnlich wie vor ihm der schon erwähnte andere deutsche Gelehrte Eugen Herrigel (»*Zen* in der Kunst des Bogenschießens«) kam er in intensive Berührung mit dem *Zen*. *Zazen* gehörte so auch zur täglichen Übung in der von Graf Dürckheim im Jahre 1948 gegründeten existential-psychologischen Bildungs- und Begegnungsstätte in Todtmos-Rütte im Schwarzwald.

Ein weiterer Bogen schlägt sich von alten Texten bis in unsere Zeit: So gehört »Betrachtungen aus der Stille« *(»Tsure zure gusa«)* von Kenko Yoshida, der als Laienmönch im 14. Jh. gelebt hat, neben dem gleichfalls berühmten »Kopfkissenbuch« *(»Makura no Soshi«)* der Hofdame Sei Shonagon zu den noch heute meistgelesenen und meistkommentierten Klassikern japanischer Bildung. Wie ein roter Faden zieht sich durch diese Dichtung die Sehnsucht nach Stille sowie die Erkenntnis von der Unbeständigkeit allen Daseins und der Notwendigkeit, sich in rechter Weise auf das Sterben vorzubereiten, indem man die Stille übt. Kenko steht mit seinem Text ganz in der Tradition des *Zen*, wo Leben und Tod auch keine feindlichen Brüder sind, sondern nur die beiden Seiten der einen Münze, mit der wir für unsere Existenz in dieser Welt bezahlen.

Gerade weil der Tod hinter jedem Augenblick des Lebens steht, entwickelt dieser Umstand besondere Intensität. Ein klassischer Übungsweg ist das *Zazen*, bei dem es darum geht, auf dem Sitzkissen in der *Zendo* oder Übungshalle »das kleine Ich gründlich umzubringen« – um dem großen Ich oder wahren Selbst gemäß unserem tiefsten inneren Wesen zum Durchbruch zu verhelfen. Es ist der Weg des Samurai *(Bushido)*; dieser hat schließlich durch die Überwindung ichsüchtiger Regungen und uranfänglicher Selbstbezogenheit gelernt, den selbstlosen Weg »jenseits von Leben und Tod« zu gehen.

Bei der Grundübung des *Zen*, dem *Zazen* oder »Sitzen im *Zen*«, geht es um die versammelte Stille von und für Körper und Geist.

Die durch eine bestimmte, aufrechte Sitzhaltung eingenommene Ruhestellung erfaßt auch das Denken, das sich durch meditative Konzentration selbst aufhebt und zum »Denken des Nichtdenkens« führt. Im *Zazen* ist das Sitzen zu einer Art Ur- und Grundhaltung des Menschen geworden, der er sich in gesammelter Gelassenheit, gelöster Konzentration und Reglosigkeit überlässt. Solches Sitzen verleiht schließlich der sich selbst gewahr gewordenen Stille Ausdruck, wodurch auch Ruhe in die Umgebung ausgestrahlt wird.

Der Ton der Stille wird hörbar, das Unausgesprochene wird vernehmlich.

Wie schon beim *Zazen* die Augen kategorisch geöffnet bleiben und der Atem ständig, wenn auch vermindert, wahrgenommen wird, so gilt es schließlich auch nicht mehr zu trennen zwischen stillem Sitzen in der Versunkenheit und lautem Agieren im Alltag.

Ähnliches gilt auch für die Musik des *Zen*-Buddhismus. Abgesehen davon, dass gelegentliche Vogelstimmen und Regentropfen zur Verdichtung der Stille bis zur Hörbarkeit beitragen, wird die monotone Rezitation der Mönche eingeleitet und begleitet von den verschiedenen Glocken und Zimbeln sowie Gong-, Pauken- und Beckenschlägen, die sich zu einem Klang starker Intensität steigern, bevor die Schwingung des Schweigens der Instrumente und Stimmen wieder zur Vertiefung der Meditation einlädt.

Cha-do, der Teeweg

Ein anderes Ritual aus dem *Zen* steht ebenso unter dem Gebot von Seija-ku, der Stille: die Teezeremonie *(Cha-no-yu)* oder der Teeweg *(Cha-do)*.

Unter der Hoheit der vier Tugenden *Harmonie, Ehrfurcht, Reinheit* und *Stille* nimmt der *Zen*-Geist in dieser Zeremonie Gestalt an. Das wird dem aufmerksamen Gast schon aus dem Singen des Teekessels zuteil, der im Zentrum des kleinen Raumes auf der Holzkohlenglut steht und zum Verweilen mit allen Sinnen einlädt, noch bevor der Gastgeber mit dem eigentlichen Ritual beginnt. Dazu wird gesagt:

»Eine Teezeremonie, die nicht das Herz des Gastes erreicht, ist keine Teezeremonie.«

Auf Japanisch sagt man: *»Cha Zen ichi nyo«*, das heißt:
   »Tee und *Zen* sind vom gleichen Geschmack.«

Der Weg zum Teeraum *(Sukiya)* oder Teehaus, das mit seinen vier *Tatami*-Matten nur knapp neun Quadratmeter groß ist, beginnt im Garten auf dem dorthin führenden Pfad, dessen Trittsteine oft von besonderer Form und Anordnung sind.

Der Gast kommt vorbei an einem Wasserbecken oder einer Quelle, aus der er mit einer Bambuskelle *(Hi-Shaku)* das Wasser zur Reinigung von Mund und Händen schöpft.

Die kleine Schiebetür am Eingang ist niedrig und erfordert im gebückten Eintreten – natürlich ohne Schuhe – eine Gebärde der Demut, die nicht nur äußerlich vollzogen sein will. Das Innere des Raumes ist leer, nur in der Wandnische, dem *Tokonoma*, hängt ein Rollbild, meist eine Tuschspur von Meisterhand, und vielleicht steht da noch ein Blumengesteck *(Ikebana)*.

Erst wenn die Gäste ihren Sitz auf den Fersen auf dem mit Tatami-Matten bedeckten Boden eingenommen haben, betritt der Meister oder Gastgeber den Raum. Er bringt die Teegeräte mit – die er am Ende auch wieder mitnimmt. Im Raum bleiben am Schluss nur Leere und Schweigen zurück, von der vollzogenen Zeremonie erfüllt.

Die gegenseitige Verneigung zu Beginn und Ende ist tief und echt. Kein Wort stört die Stille, die im Singen des Wassers im Teekessel hörbar wird,

wenn das Feuer an einer bestimmten Stelle des im Boden versenkten Holzkohlenbeckens glüht.

In ritueller Bewegungsfolge werden die Geräte gereinigt und schließlich das grüne Teepulver mit dem siedenden Wasser aus der Bambuskelle übergossen und dieses mit dem Bambusbesen *(Cha-Sen)* schaumig geschlagen.

Wiederum mit gebührender Verneigung ergreift der Gast die dargebotene Teeschale, die in Material und Form oft von erlesenem Geschmack zeugt. Gebührlich ist denn auch die Betrachtung und Bewunderung der vom Gast langsam auf der Hand gedrehten Schale, bevor er sie andächtig zum Mund führt. Dort hat das zuvor gereichte Gebäck mit seiner Süße den Gaumen für den bitteren Geschmack bereitet, den die »Schaum gewordene Jade« erzeugt. Gemessen genießt man sie in vier Schlucken.

In Versunkenheit verfolgt der Gast sodann die Beendigung der Zeremonie, wobei Schale und Gerät wie zu Beginn gereinigt werden. Lautlos verabschiedet sich der Gastgeber oder die Gastgeberin mit den Geräten und lässt den Gast in der erfüllten Stille des Raumes zurück, bis auch er schließlich wieder aufbricht.

Dazu ein Zitat des Teemeisters Okakura über den Ablauf der Teezeremonie:

»Die Spätnachmittagssonne bescheint den Bambus,
die Quellen glucksen voll Entzücken,
der Wind in den Kiefern tönt in unserem Teekessel wider.
Lasst uns von Vergänglichem träumen
und bei der wundersamen Torheit der Dinge verweilen.«

Der Weg der Teezeremonie *(Cha-No-Yu)* entspricht einer idealisierten Gestaltung des ursprünglich menschlichen Zusammenlebens gemäß dem japanischen Lebensgefühl.

»Harmonie« drückt sich aus in der Leere des Raumes und seiner ästhetischen Gestaltung mit sparsamsten Mitteln aus einfachem Material, in der

Zusammenstellung der geschmackvoll gewählten Utensilien, schließlich vor allem in der schweigend übereinstimmenden Haltung von Gast und Gastgeber.

»Ehrfurcht« oder Respekt gilt dem Menschen ebenso wie der Natur, aber auch den Teegeräten. Diese müssen Einfachheit *(Wabi)* und Einsamkeit *(Sabi)* atmen, die sich dem Teilnehmer mitteilen, wenn er seinen gereinigten Geist dafür öffnet.

»Reinheit« bedeutet unbedingte Sauberkeit und Ausdruck von Schönheit in Körper und Geist, wozu die ganze umgebende Atmosphäre gehört, die sich mitteilt und an der man voll und ganz partizipiert. Sie bedeutet Sauberkeit der Gedanken, die sich nicht in Gedankenlosigkeit manifestiert, sondern im Transzendieren des Denkens in die Geistesgegenwart reiner Aufmerksamkeit.

»Stille« schließlich bedeutet nicht nur Ruhe im Außen und Innen, sondern Sammlung in sich selbst und im Vorgang dazwischen. Diese Stille bedeutet nicht nur Abwesenheit von Lärm, sie bedeutet »Abwesenheit von Dingen, die nie waren«. Ursprünglich bedeutete das so viel wie Anmut und Einfachheit, aber auch Schlichtheit und Ruhe bei tiefer innerlicher Freude. Stille ist hier der Weg zur Erkenntnis selbst, zur Läuterung in Selbsterkenntnis.

Nicht Weltflucht oder Rückzug ist ihr Sinn, sondern Rückbezug und Rückbesinnung auf den Urgrund und die uranfängliche Einheit von Körper und Geist. Man sitzt in absoluter Ruhe im Teeraum und

»erblickt an einem Mondscheinabend bei einer duftenden Schale Tee die Schatten der entfernt stehenden Kiefer am Meer zwischen den Bäumen des Gartens«,

wie die Teemeister von alters her zu sagen pflegen.

In solcher Umgebung werden Worte anders gewogen, und der Schlichtheit von Raum und Rahmen entspricht das Sprechenlassen der Stille als primäre Ausdrucksform. Daraus wird im zwischenmenschlichen Verkehr manchmal fast so etwas wie eine »Prüfung der Stille«.

Interessiert oder doch zumindest höflich scheint der Japaner den Worten des Fremdlings *(Gaijin)* zu lauschen, während er ihn beobachtet und selbst nur wenig sagt. Lächelnd lockt er ihn in scheinbarer Zustimmung auf das Glatteis tönender und sprudelnder Selbstgefälligkeit, die sich ohne Punkt und Komma verbreitet, unterbrochen vielleicht nur von dem gelegentlichen *»So-desu-ka!«,* einer häufig gebrauchten Redewendung der Japaner, die so viel bedeutet wie:

»Ach so!« Auf der Grundlage solcher Monologe westlicher Prägung entstehen oft Missverständnisse, die mit etwas mehr Zuhör- und Schweigebereitschaft vermeidbar wären.

Die *Zen*-Haltung des Geistes führt dazu, dass es in kultivierten Kreisen Japans nach wie vor Lebensart ist, sich auch am Ende eines Lebens still mit einem letzten Gruß von den Seinen und der Welt zu verabschieden.

Ein aus dieser Haltung hinterlassenes Gedicht, auch »Abschieds-Gatha« genannt, der Nonne Ryonen mag dies verdeutlichen:

»Sechsundsechzigmal haben diese Augen gesehen,
wie es immer wieder Herbst wurde.
Über den Mond habe ich genug gesagt,
fragt nicht danach;
lauschet lieber dem lautlosen Klang
der Föhren und Zedern, wenn kein Wind sie bewegt.«

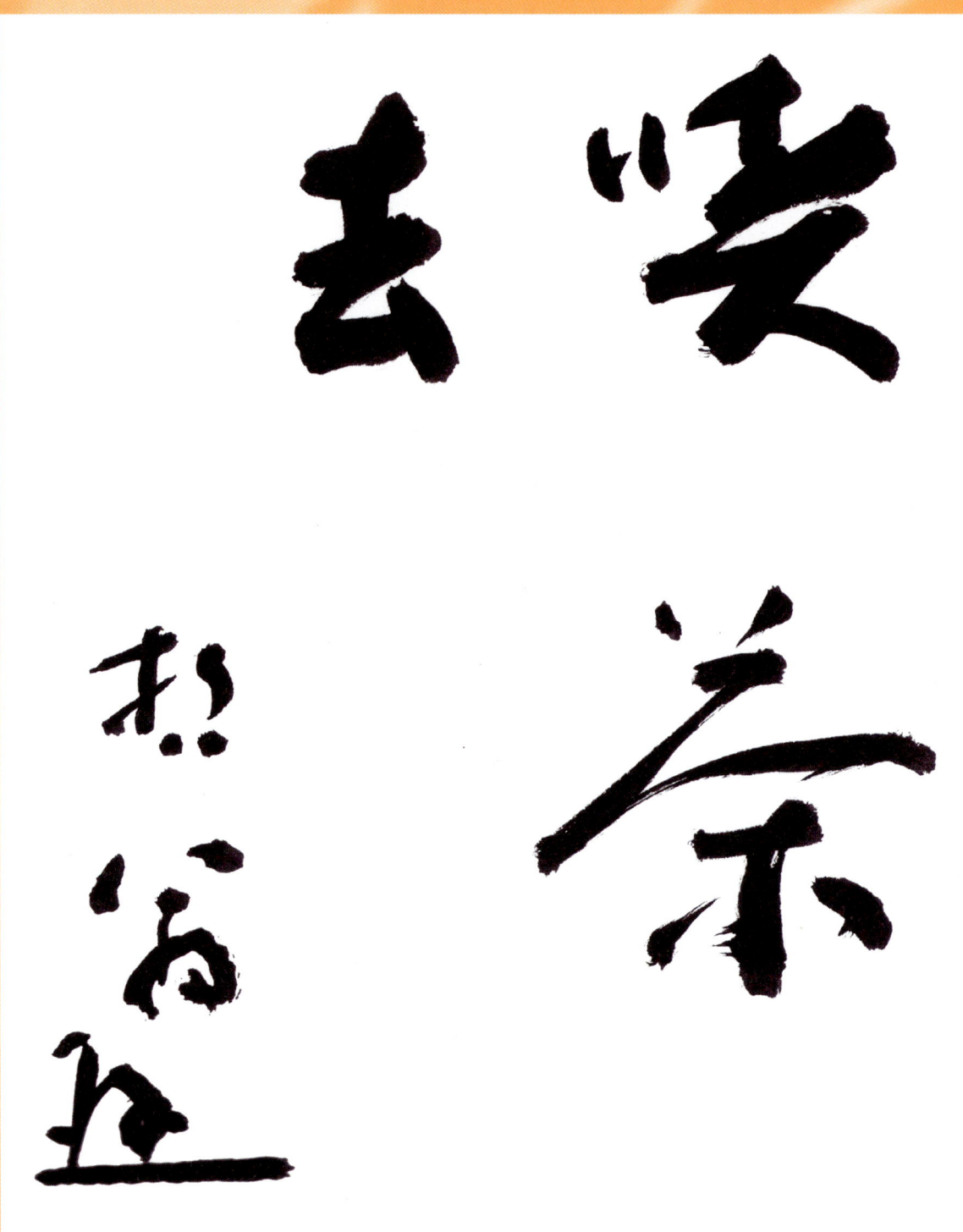

Kissa-Ko — Bitte eine Tasse Tee

Eine Tasse Tee

Ein Schüler fragte den *Zen*-Lehrer nach der Lehre der Leere. Da nahm der Meister seine Tasse und schüttete den Tee vor den Augen seines Schülers aus.

Dann fragte er ihn: »Was ist jetzt in der Tasse? Schau genau hin.«

Der Schüler antwortete: »Da ist nichts mehr drin. Sie ist leer.«

Der Meister fragte weiter: »Glaubst du, dass anstelle des Tees jetzt Luft in der Tasse ist?«

Der Schüler nickte.

»Gut«, erklärte der Meister. »Wenn wir sagen, etwas sei leer, dann meinen wir immer, dass es leer von etwas ist. Dieses Zimmer ist jetzt leer von anderen Menschen und sicher auch von Elefanten, aber nicht leer von Möbeln und Blumen. Leer bedeutet also immer leer von etwas. Jetzt betrachte die Tasse noch einmal, ist sie leer von Feuer?«

Der Schüler war erstaunt und antwortete: »Natürlich, da ist kein Feuer drin.«

Der Meister lächelte und zeigte ihm die Tasse. »Glaubst du auch, dass diese Tasse bei großer Hitze in einem Ofen zu dem gebrannt wurde, was sie jetzt ist?«

Der Schüler nickte.

»Gut«, erklärte der Meister. »Tasse sein heißt, auch Feuer in sich zu tragen. Aber auch Wasser. Und Luft. Und Wind. Und Licht. Und Sonne. Und Erde. Diese Tasse ist von allem etwas. Sie ist nicht von sich selbst. Sie ist leer von einem eigenständigen Selbst. Davon ist sie leer!«

Der Meister stellte die Tasse zur Seite und sah seinen Schüler freundlich an, dann erklärte er: »So wie in dieser Tasse alles einander bedingt, bist auch du nicht leer von allem.« Darauf bat er den Schüler: »Geh jetzt, und werde leer von etwas.«

Der Schüler war irritiert und fragte: »Aber Meister, von was soll ich denn leer werden?«

Der Meister verbeugte sich leicht und schenkte ihm eine Tasse heißen grünen Tee ein, dann sagte er: »Trink eine Tasse Tee mit mir, und leere deine Gedanken darüber.«

Beide hielten die gefüllten Tassen in den Händen und führten sie zum Mund – wie köstlich der Tee schmeckte!

Eine Geschichte zu einer Tasse Tee

Zwei Meister sitzen beim Tee und philosophieren über die Metaphysik des Teeweges. Dabei stößt einer die Tasse des anderen um und fragt: »Und wo ist jetzt das ganze Geheimnis vom Tee?«

Worauf der andere nur sagt: »Schade um den schönen Tee!«

Jaku – Stille

Sei – Reinheit

Kei – Ehrfurcht

Wa – Harmonie

Cha Zen ichi nyo

Der Meister, bei dem ein Westler zum Gespräch über **Zen** und Tee sitzt, füllt die Schale des Gastes immer weiter, bis sie überläuft.

Erschrocken sagt der Gast: »Ja, seht Ihr denn nicht: Der Tee läuft über!«

Der Meister lächelt ihn an und sagt: »Mit Eurem Kopf ist es wie mit dieser Schale. Er ist so übervoll mit Wissen und Gedanken, wie soll ich da noch **Zen** hineingeben? Also, erst einmal leer machen, leer werden!«

Shodo,
Der Schreibmeister in Aktion

Shodo, der Weg des Schreibens

Noch über normale Kunst und Kunstfertigkeit hinaus wurde das Schreiben mit Pinsel und Tusche Gegenstand der *Zen*-Übung, und es gibt kaum einen angesehenen *Zen*-Meister, der sie nicht beherrschte. Entgegen aller anderen beschriebenen Wege des *Zen* hat dieser Weg den unschätzbaren Vorteil, zum möglichen Akt des Miterlebens und der Teilnahme zusätzlich noch eine bleibende Spur auf dem Papier zu hinterlassen, die zur Anschauung oder zum meditativen Nacherleben einlädt. Daher auch der Name *Bokuseki* oder »Tuschspur« als Ausdruck für die kalligrafischen Schriftbilder bedeutender Vertreter des *Zen*.

Immer wieder dienen solche Schriftbilder der geistvoll ästhetischen Belebung und Zierde des Hauses, insbesondere im *Tokonoma*, dem Teeraum. Solche Tuschspuren sind unumwundene Bekenntnisse von Rang und Stufe der inneren Entwicklung, sind unwiderrufliche Seelenspiegelungen der Meisterschaft. Dem Eingeweihten verleihen sie direkt und unmittelbar Zugang zum *Zen*, das sich im Weg des Schreibens bildhaft ausdrückt.

»Ein Pinselstrich deutet auf den Ursprung allen Seins, auf die Wurzel unzähliger Erscheinungen«, so sagt es Tao-Chi in einer maltheoretischen Abhandlung aus dem 17. Jh. und weist damit auf das immer neue Werden von Bild und Strich hin, wie man es noch heute im *Zen* miterleben und bewundern kann.

Auch wo das normale Gespräch vielleicht nur über einen Dolmetscher möglich wäre, erlaubt das Wiedererkennen des einen oder anderen klassischen Schriftzeichens in der Tuschspur des *Bokuseki* bei der Begegnung von Menschen den befreienden direkten Kontakt unter *Zen*-Leuten.

So will es auch die Sitte, dass sich der *Zen*-Meister bei seinem Besucher für Gespräch und Gastgeschenk seinerseits mit einem Tuschzeichen bedankt, das man dann sogar schwarz auf weiß und zusätzlich mit dem roten Signum des jeweiligen persönlichen Stempels versehen mit nach Hause nehmen kann.

Dass es zu solcher Meisterschaft von *Bokuseki* oder Tuschezeichnung eines langen, jahrelangen, mitunter jahrzehntelangen, ja sogar oft lebenslangen Übungswegs bedarf, geht aus einem Text zu den »Tuschspuren« hervor:

»Tusche reiben –

nur reiben! Auf die ältestbekannte Weise, wie im alten China, im Tuschstein, mit Wasser. Zwei Jahre lang muss der Schüler oder Anfänger nur die Tusche reiben, bevor er überhaupt etwas von Pinsel oder Papier zu sehen bekommt. Nur Tusche reiben, die Tusche in sich aufnehmen, in die Tusche eintauchen, eingehen – Tusche sein.

Dann: Das Papier –

Blatt gewordene Faserfläche, grenzenloses Weiß, das der Begrenzung harrt, die Begrenzung erwartet in der Teilung, der Beschneidung – messerscharf. Wenn schneiden, dann nur schneiden, glatt und ohne Stocken. Eins sein muss der Schüler mit dem Messer, das durch das Papier gleitet, fließt, das Blatt zerteilt, begrenzt – nur schneiden.

Dann: Der Pinsel –

den Pinsel ergreifen, zart-locker und doch vollkommen fest, seine Spitze eintauchen in den schwarzen See der Tusche – aufnehmen, niedersenken aufs Blatt aus der Senkrechten des Himmels, ihn schwerelos über das jungfräuliche Weiß führen, das sich teilt, mitteilt, öffnet, offenbart. Schwerelos den Weg des Schwarz führen, schwunghaft ausklingen und verebbend abheben zu einem Ende, das endlos ist.

Eine Spur ist entstanden auf dem Papier wie auch im Geist des Betrachters – eine Spur wie die des Vogels am Morgen im Neuschnee. Eine Spur ist entstanden, die direkt ‚von Herz zu Herz‘ führt *(Isshin – Denshin)* ohne den Umweg über den Verstand. Eine Spur ist entstanden – Seelenspiegelung des Meisters, die der Aufnahme harrt, der Aufnahme bedarf durch Gleichgesinnte, Gleichgestimmte, Geübte mit Herz und Sinnen, die das Zeichen nachvollziehen, es in sich selbst zu Ende führen – zu einem Ende, das es nicht gibt, das endlos ist: Unendlichkeit des gegenwärtigen Gewahrseins in der zeitlosen Ewigkeit des ortlosen Hier und Jetzt.

Die Unfertigkeit des Zeichens wird aufgenommen, wird angenommen zur eigenen Weiterübung. Es geht nicht um die Vollkommenheit von Zeichen und Bild, es geht um die Vervollständigung im Nachvollziehen. Es geht um die eigene meditative Vervollkommnung im kontemplativen Nach- und Miterleben der Versenkung des Meisters durch den aktiven Betrachter – schauend, erschauend, erschauernd.«

Ju-Kotobuk – Glückliches langes Leben

»Die Zeichen mit den Augen verehren,
die Zeichen im Herzen bewahren,
die Zeichen mit dem Mund rezitieren,
die Zeichen mit der Hand schreiben –
eins werden mit dem Zeichen.«

Geduld, Gelassenheit und Beherrschung, nicht nur der Technik des Schreibens, sondern vor allem seiner selbst, sind unabdingbare Merkmale für das Gehen auf dem **Zen**-Weg, der in die Wesensschau und Tiefe der eigenen Natur führt. **Bokuseki,** Tuschspuren, sind Zeichen auf diesem Weg.

Sauberkeit und Reinheit sind – wie auf dem Teeweg – Voraussetzungen dafür: Das vorherige Bad und das Anlegen frischer Kleidung geben äußeres Zeichen davon. Die meditative Sammlung sorgt für die Reinheit von Seele und Herz, woraus dann auch keine unreinen Gedanken, Haltungen, Handlungen und Worte hervorgehen können.

Es sind immer wieder ähnliche, klassische Zeichen, die entstehen und für den Weg stehen, wie zum Beispiel:

Wa für »Harmonie«,
Jaku für »Stille«,
Ju für »langes Leben«,
Mu für »Nichts«,
Ho ho kore do jo für »Schritt für Schritt, das ist der Weg«.

Ein beliebtes Zeichen unter **Zen**-Leuten ist auch der Kreis *(Enso),* kraftvoll freihändig aus dem **Hara** heraus gerundet, wofür man »mit dem Kosmos eins« sein muss.

Dieses Einssein mit dem Kosmos außen und innen ist das Ziel des **Zen**-Weges im **Satori**, der Erleuchtung. Wenn es denn ein Ziel zu nennen gäbe, das es gar nicht gibt, denn: »Das Alltägliche ist der Weg.«

»Der Pinsel tanzt,
die Tusche singt und lacht.
Das Heben des Pinsels entscheidet die Schlacht!«

Die Predigt des Schweigens

Der Kreislauf der vollkommenen Weisheit ist nicht durch Worte zu erklären, sondern man muss ihn unmittelbar erfahren. Anderen Menschen kann man höchstens eine gewisse Beihilfe zu diesem Selbsterlebnis leisten. Aber auch die hingebungsvollste Beschreibung kann niemals mehr sein als eine bloße Andeutung. Darum muss jeder Mensch sich letzten Endes selbst auf den Weg machen, wenn er diese Weisheit direkt erleben will.

Ohne eigenes Erleben kann man auch den Sinn heiliger Schriften nicht erfassen, sie bleiben tote Sätze auf Papier. Wer aber das vollkommene Erlebnis gehabt hat, für den werden auch die scheinbar »toten« Dinge, wie der Staub auf der Straße oder ein Stück Holz, zu lebendigen und erhabenen Verkündern der Wirklichkeit.

Ebenso sprechen auch die Sonne, der Mond, die Bäume und schließlich Buddha selbst überall zu uns, und sie sprechen ununterbrochen – allerdings durch ihr Schweigen. Sie sprechen einen Menschen jedoch gar nicht erst an, wenn er nicht bestrebt ist hinzuhören. Das ist der Grund, weshalb die meisten Menschen diese tiefgründige Rede überhören, die »Predigt des Schweigens«.

Darum sagte Konfuzius:

»Ich möchte nicht mehr reden, denn der Himmel schweigt, indem er den Lauf der vier Jahreszeiten bestimmt und alle Kreaturen ernährt und pflegt.«

Buddha sprach:

»Fünfundvierzig Jahre lang habe ich über die Wahrheit gepredigt und doch kein Wort darüber gesprochen.«

In Benares übergab der Buddha die Lehre an den Nachfolger mittels seiner schweigenden Predigt »durch die Blume«!

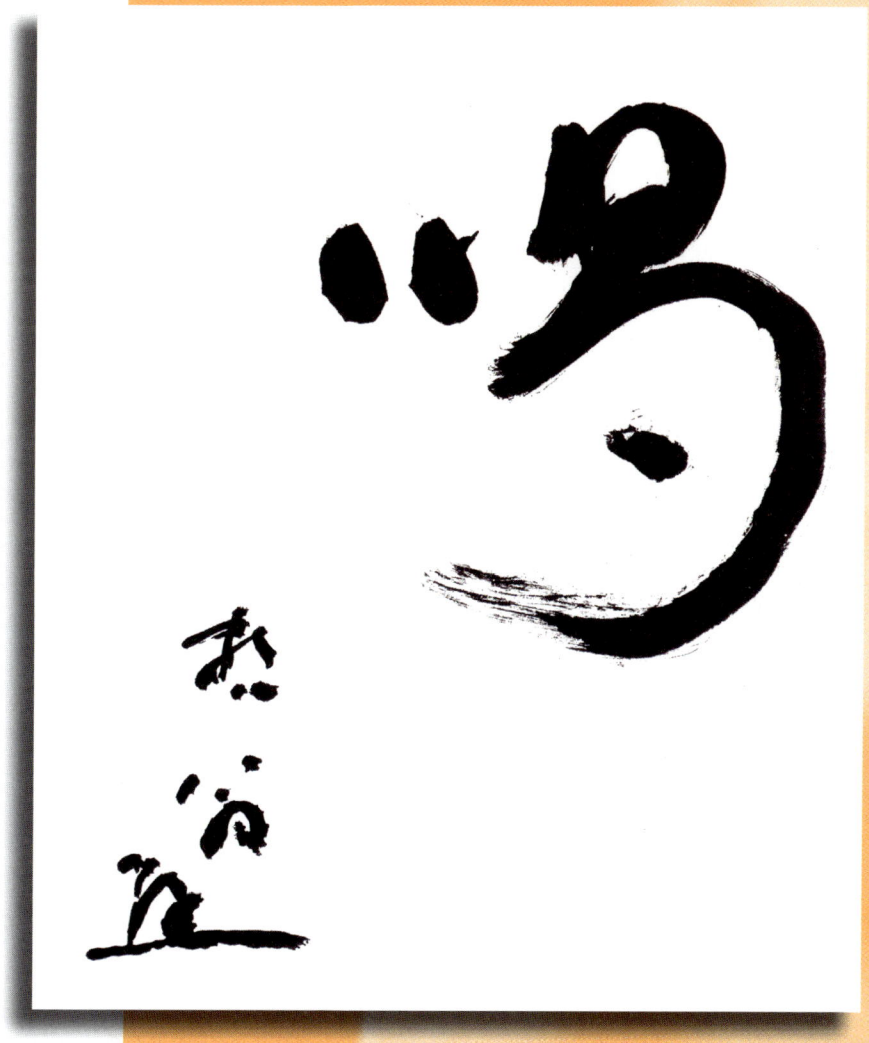

Kwatsu – Der Schrei der Stille

Die wortlose Blumenpredigt des Buddha

Möge der Jünger sich davor hüten,
sich an Worte zu klammern
in der Meinung,
dass sie ihrem Sinn völlig entsprächen.
Denn die Wahrheit liegt nicht
im Buchstaben beschlossen.
Wenn der Mensch mit dem Finger
auf etwas zeigt, so mag die Fingerspitze
vom Einfältigen für das angedeutete Objekt
angesehen werden.
In gleicher Weise sind die Unwissenden und Toren
wie Kinder nicht fähig,
die Idee aufzugeben,
dass in dem Fingerzeig der Worte
deren ganzer Sinn enthalten sei.
Sie können sich die höhere Wirklichkeit
nicht vorstellen, geschweige denn
in sich verwirklichen,
weil sie sich an Worte klammern,
die doch nicht mehr sein sollten
als ein weisender Finger.
Denn die Wahrheit —
die Wahrheit
liegt jenseits aller Worte.

(aus dem Lankavatara-Sutra)

Was hier zum Ausdruck kommt, ist die Essenz des **Zen**, dessen Sprache das Schweigen ist. Diese Wortlosigkeit der direkten Übertragung des Geistes »von Herz zu Herz« geht ebenfalls zurück auf den Buddha, der in der **»Blumen-Predigt von Benares«** vor dem versammelten Kreis von Jüngern und Zuhörern statt einer Ansprache wortlos eine Blume in die Höhe hielt. Und nur **Kashyapa**, der dem Buddha am nächsten sitzende Jünger, verstand und lächelte leise.

Das war das erste Beispiel einer direkten Übertragung des Geistes ohne Worte, wie sie fortan jede Einweihung zur Nachfolge von Lehrer zu Schüler beherrscht.

Aquarell von Ute Stemmann

68

Hymnus der Erleuchtung

Chorgesang des *Zen*-Lehrers Hakuin

Die Menschen sind in ihrem tiefsten Wesen Buddha.
Wie Wasser Eis ist und wie es kein Eis gibt ohne Wasser,
so gibt es nicht einen Menschen ohne Buddha.
Weh den Menschen, die in weiter Ferne suchen
und was nahe liegt nicht wissen!
Sie gleichen denen, die mitten im Wasser stehen
und doch nach Wasser schreien.
Als Söhne des Reichsten und Vornehmsten geboren,
wandeln sie gleichwohl in Armut und Elend trostlos dahin.
Die Ursache des ewigen Kreislaufes im sechsfachen Reich
ist der düstere Weg eigener Stumpfheit und Blödheit.
Doch immer dunkler und dunkler wird es um sie
im Dunkel des Irrtums.
Wann sollten sie je sich lösen
von Leben und Tod?

O Wunder der vollkommenen Schau des Mahayana,
das über alles Lob erhaben ist!
Alle Tugenden: Wohltun und Gebottreue,
alle guten Taten: Lobpreisung Buddhas,

Reue und Übungen,
alle münden sie hier!
Wem nur ein einmaliger Sitz sich vollendet,
dem verschwindet unermesslich aufgehäufte Sünde.
Wo sollte sich denn der Ort der Verbannung
finden für das Böse,
wenn reines Land so nahe ist?

Wer nur einmal diese lobpreiswürdige Wahrheit
vernimmt und heilige Wonne fühlt,
dem wird unermessliches Glück zuteil;
noch mehr, wenn er sich hingibt
und unmittelbar seine eigene Natur erlebt.
Dann ist sein eigenes Wesen nichts anderes
als die Natur des vollendeten Nichts,
und es ist erhaben über des Denkens Spiel.

Weit öffnet sich das Tor der Einheit
von Ursache und Wirkung;
und der einzige Weg tut sich auf, geradeaushin,
kein zweiter und dritter.

Wer ihn beschreitet, der nimmt an als Gestalt
die Gestalt des Gestaltlosen;
und weder sein Gehen noch Kommen
sind ihr fremd.

Der nimmt an als sein Denken
das Denken des Nichtdenkens,
und sein Singen und auch sein Tanzen
sind Stimme der Wahrheit.
Der Himmel des Samadhi
ist unbehindert ausgespannt,
und es leuchtet der volle Mond
der vierfachen Weisheit.

Was fehlt da noch,
wo sich offenbart das Nirvana?
Hier ist nichts anderes als Lotos-Land,
und dieser Leib hier ist nichts anderes
als Buddha!

Für den, der versteht,

vermittelt Hakuin damit die ganze Lehre in einem Gesang. Für den, der nicht versteht, vermittelt Hakuin die Lehre in den einzigartigen Worten, die da bedeuten:

* *Mahayana* ist das »Große Fahrzeug«, welches viele Menschen über den Strom von Leben und Tod bringt, ans Ufer der Rettung *(Nirvana)*. Das »Kleine Fahrzeug« *(Hinayana)* dagegen fasst nur ganz wenige, meist nur einen einzigen Menschen, und bringt sie oder ihn ans Ufer des »leeren Nichts«.

* *Einmaliger Sitz* ist hier die vollkommene Erfahrung der Meditation des *Zazen*.
* *Das Gestaltlose* meint das Absolute, nicht das »leere«, sondern das »vollendete«, das »erfüllte« Nichts, welches zugleich das All und die Identität des Einen und Vielen ist.
* *Nichtdenken* (japanisch: *Munen*) bezeichnet das Denken des vollendeten Nichts, d.h. nicht etwa eine unbewusste Vorstufe, sondern die Überwindung des gesamten auf Besonderheiten beschränkten Denkens.

Aquarelle von Ute Stemmann
nach Statuen von Bernhard Hoettger, Worpswede:
»Wut« und »Bonze«

Himmel und Hölle

Hakuin wurde von einem Samurai besucht, der ihm die Frage stellte: »Gibt es wirklich einen Himmel und eine Hölle?«

Hakuin fragte zurück: »Wer bist du?«

»Ein Samurai, ein Soldat der kaiserlichen Garde«, antwortete der Krieger stolz.

»Das glaube ich nicht«, meinte Hakuin, »dafür siehst du mir viel zu jämmerlich aus. So einen wie dich stellt der Kaiser nicht in seine Garde!«

Aufbrausend griff der Krieger zum Schwert, doch Hakuin blieb ganz ruhig und sagte nur: »Na los! Wirst du es schaffen, mir den Kopf abzuschlagen?«

Der Samurai aber konnte sich nicht mehr zurückhalten und stürzte mit gezogenem Schwert auf den Meister zu.

Dieser lächelte ihn bloß an und sagte: »Jetzt kennst du die erste Hälfte der Antwort – eben hast du die Tore der Hölle geöffnet.«

Wie vom Blitz gerührt blieb da der Krieger stehen. Dann steckte er sein Schwert zurück in die Scheide und verneigte sich tief vor Hakuin.

»Jetzt kennst du auch die zweite Hälfte der Antwort«, sagte darauf der Meister. »Eben hast du die Tore des Himmels geöffnet!«

Die Blumenkünstlerin Yoshie Takahashi

Semeryoku

Joshi Takahashi hatte ein Herz für das Schöne. Sie war Meisterin der Saga-Zweigschule und des Blumensteckens. Unter ihren Händen wurden Zweige und Blumen zu Kunstwerken.

Einmal war sie zum Tee im Hause eines Schriftstellers eingeladen. Stolz zeigte der Schreiber ihr seinen Garten, den er selbst angelegt hatte. Da sah Joshi in einer Ecke am Zaun einen Haufen abgeschnittener Zweige und Gräser liegen. Sie nahm davon drei Schilfhalme und einen Beerenzweig, ging zu dem winzig kleinen Gartenteich und hockte sich ans Wasser.

Ganz langsam hielt sie den Zweig vor sich hin und sagte: »In dir ehren wir die Kraft des Lebens *(Semeryoku)* in allen Zweigen.« Dann streifte sie mit der geschlossenen Hand die roten Beeren vom Zweig ab, legte die drei Schilfgräser im Dreieck auf das Wasser und ließ die Beeren hineinrieseln. Sie verbeugte sich leicht und ging ins Haus zurück.

Der Schriftsteller war beeindruckt und sagte: »Joshi, ich wünschte, ich könnte beschreiben, wie du im Tod das Leben ehrst.«

Joshi sagte: »Erst wenn du den Saft der Beeren mit deinen Tränen zu Tinte verrührst, weißt du, wovon du schreiben sollst. Bis dahin warte noch.«

Kuan Yin, Bodhisattva des Mitgefühls

Der volle Mond der vierfachen Weisheit

Die erste Weisheit:

Die Weisheit des vollkommenen Spiegels,
d.h. der Gleichheit des Absoluten.
Symbol für diese Stufe ist der Bodhisattva Manjushri.

Die zweite Weisheit:

Die Weisheit der als Natur erscheinenden Gleichheit,
d.h. der Erscheinung und der Versöhntheit von Erscheinung und Wesen.
Symbol für diese Weisheit der Verschiedenheit ist der
Bodhisattva Samantabhadra.

Die dritte Weisheit:

Die Weisheit des wunderbaren Durchschauens,
d.h. der Vereinigung der ersten beiden Stufen mit sozialer Wirksamkeit.
Symbol für diese Stufe der Vereinigung von Kontemplation und Aktivität
ist der Bodhisattva Avalokiteshvara.

Die vierte Weisheit:

Die Weisheit der vollendeten Taten,
d.h. der Vollkommenheit und der Nutzlosigkeit. In dieser Stufe sind die
bisherigen drei Stufen aufgehoben.
Symbol für diese Weisheit des höchsten *Nirvana* ist Buddha.

Die beiden ersten Weisheitsstufen gewährleisten durch rein kontemplative
Versenkung die eigene Rettung. Höher aber stehen die beiden folgenden
Weisheitsstufen, welche mittels sozialer Aktivität die eigene Vervollkommnung in den Dienst fremder Rettung stellen.

Der ersten Stufe entspricht die Gestalt des Wesens Buddhas *(Dharmakaya).*

Die zweite Stufe ist gleichbedeutend mit der Gestalt des durch Übung zur Vollkommenheit gelangten Buddhas *(Sambhogakaya).*

Der dritten und vierten Stufe entspricht die Gestalt der Verklärung Buddhas *(Nirmanakaya),* die übereinstimmt mit seiner absoluten Freiheit, die verschiedene sichtbare Formen annehmen kann.

Die vierte Weisheit steht so hoch, dass der Weise, nachdem er vollkommenes *Nirvana* erreicht hat, auf jedes äußere Anzeichen seiner Vollkommenheit verzichten kann. Bei ihm verbindet sich vollkommene Demut mit vollendeter Hoheit. Er kann nicht anders als sich selber achten, denn seine Buddha-Natur ist die höchste Wahrheit. Er kann nicht anders als demütig sein, denn diese Buddha-Natur findet er unmittelbar in allen Kreaturen, ohne sie suchen zu müssen.

Darum tritt der vollkommene Weise äußerlich auf wie ein Narr, als ob er niemals *Nirvana* erlebt hätte. Gerade darin zeigt sich demnach, dass vollkommene Weisheit sein tiefes Inneres erfüllt und ein unverrückbarer Bestandteil seiner Seele ist. Gerade dadurch gewinnt er die Fähigkeit, die Rettung zahlreicher, zahlloser Menschen zu bewirken.

Das donnernde Schweigen des Vimalakirti

Solche Wortlosigkeit geht natürlich weit hinaus über ein einfaches Verstummen. Sie bietet vielmehr Raum für ein Verstehen aus der Fülle des Nichts, das in seiner Dichte unmittelbar fühlbar wird.

Was dies bedeuten kann, wird auf höchst eindrückliche Weise von Vimalakirti belegt, einem berühmt gewordenen Laien-Meister.

Unter der Überschrift »Über das Eintreten in die Lehre der Nichtzweiheit *(Advaita)*« beschreibt ein Sutra, wie er sich einst an die um ihn versammelten Bodhisattvas wandte mit der Frage, auf welche Weise ein Bodhisattva in diese Lehre der Leere eintreten könne.

Und als er von Dharmesvara bis Manjushri alle 32 Antworten in eindrücklicher Wortform und lehrreicher Poesie erhalten hatte, wurde schließlich dieselbe Frage an ihn gerichtet. Daraufhin trat Vimalakirti in den Kreis der versammelten Bodhisattvas, kniete nieder – und schwieg!

Das aber ist es, was man danach das »donnernde Schweigen« des Vimalakirti genannt hat.

Worte können also Wegweiser sein auf der Landkarte des existentiellen Seins der Soheit, dürfen aber niemals verwechselt werden mit der tatsächlichen Landschaft oder dem wirklichen Gelände. Deren Wege kann man jeweils nur selbst aktiv begehen, erwandern oder erfahren – sich im Gehen vertraut machen.

Dies entspricht der *Zen*-Forderung:

»Man habe den Mut, zu gehen, ohne zu wissen, wohin!«

Der *Do-jo*, der »Weg-Ort«, die *Zen*-Übungshalle, ist überall.

Den Geist in Versenkung halten und zugleich den Dingen des täglichen Lebens zugewandt bleiben, das ist das Wesen der Meditation. Dies wirklich zu beherzigen könnte als das einzig wirksame und wahrhafte Anliegen aller *Zen*-Übung bezeichnet werden.

Die Übergabe der Nachfolge an Hui-ko

Als Bodhidharmas Zeit in Shaolin zu Ende ging, so berichtet die Legende, versammelte er seine engsten Schüler um sich, um mit der Übergabe von Herzgeist seinen Nachfolger zu bestimmen. Dazu forderte er sie auf, ihm ihr erlangtes Wissen von der Wahrheit zu offenbaren.

Als Erster trat der Mönch Tao-fu vor und sagte: »Wie ich weiß, haftet die Wahrheit weder an Worten noch an Schriftzeichen, noch ist sie getrennt von Worten und Schriftzeichen. So wirkt sie als Weg der Erlösung.«

»Du hast meine Haut erlangt«, sagte der Meister.

Dann trat die Nonne Tsung-tschi vor und sprach: »Ich weiß, dass die Wahrheit ist wie ein Blick ins Paradies. Wenn man sie einmal gesehen hat, gibt es kein zweites Mal.«

»Du hast mein Fleisch erlangt«, sagte der Meister.

Daraufhin sprach der Mönch Tao-yin: »Ich weiß, dass die vier Elemente nichts Greifbares sind. Ich weiß, dass die fünf Verknüpfungen kein Sein haben. Ich weiß, dass man keine Weisen des Daseins festhalten kann.«

»Du hast meine Knochen erlangt«, sagte der Meister.

Da trat als letzter Hui-ko vor. Stumm verneigte er sich und blieb vor dem Meister stehen.

»Du hast mein Mark erlangt«, sagte Bodhidharma und bestimmte Hui-ko (488–593) zu seinem Nachfolger und somit zum zweiten Patriarchen des *Zen* in China.

Das Gelübde für die Menschheit

Im Jahre 1958 gründete sich mit dem Gelöbnis zur Entwicklung einer Welt zum Besten der Menschheit um Professor Hoseki Shinichi Hisamatsu herum die FAS-*Zen*-Gruppe in Kyoto. Schon vorher, im Jahre 1944, hatte Professor Hisamatsu zusammen mit Professor Musao Abe ein Seminar für »Die den Weg Lernenden« ins Leben gerufen. Daraus wurde 1958 schließlich die FAS-*Zen*-Gruppe:

F = Formless Self (= gestaltloses Selbst)
A = All Mankind (= ganze Menschheit)
S = Superhistorical History (= zeitlose Geschichte)

Das Besondere an den Zusammenkünften dieser FAS-Laien-Gruppe war die Tatsache, dass sie auch Fremde zur Übung zuließ, mit denen in Englisch kommuniziert wurde.

Eine weitere Besonderheit war, dass sich nach der gemeinsamen Übung des *Zazen* und der Sutren-Rezitation bei Tee und Gebäck noch ein Gespräch entwickeln durfte, das von einem der *Zen*-Professoren geleitet wurde und der Vorstellung der Gäste ebenso diente wie der Erörterung von Fragen der *Zen*-Philosophie. Das hinterlassene letzte Gedicht des im Februar 1980 im 92. Lebensjahr verstorbenen Professors Hisamatsu lautet:

»Zum gestaltlosen Selbst erwacht,
sterbe ich unsterblich den Tod.
Zum ungeborenen Leben geboren,
spiele ich in den drei Welten.«

Ganz bewusst stellen wir an dieser Stelle jetzt auch das Gelöbnis der FAS ins Gedächtnis der Welt:

Ruhig und gesammelt
erwachen wir zu unserem wahren Selbst,
umfassend mitfühlende Menschen zu sein.
Nach unserer jeweiligen Berufung
machen wir vollen Gebrauch
von unseren Fähigkeiten.
Wir ergründen das Leiden
– das persönliche wie das gesellschaftliche –
bis zu seinem Ursprung.
Wir anerkennen die rechte Bahn,
in der sich Geschichte weiterentwickeln sollte.
Jenseits der Unterschiede
von Rasse, Nation oder Status
reichen wir uns die Hände als Brüder.
Voller Mitgefühl geloben wir,
den tiefen Wunsch der Menschheit
nach Befreiung zu verwirklichen
und eine Welt zu errichten,
die wahrhaftig und befriedet ist.

Shi-Kon Sho-Sai –
Der Geist des Samurai mit der Geschäftstüchtigkeit des Kaufmanns

Zen-Geist in gelebter Haltung

Reich sein

Man hörte einmal von zwei Männern, die über viele Jahre hinweg Freunde geblieben waren, und das, obwohl sie sich doch sehr unterschiedlich entwickelten.

Der eine, nämlich Tanaka Tsutomu, hatte schon während seines Studiums der Psychologie Übungen des *Zen*-Weges in sein Leben integriert. Täglich übte er zu festen Zeiten das Sitzen in Stille. An Wochenenden nahm er manchmal an konzentrierten Übungen in einer Gruppe, unter Anleitung seines *Zen*-Lehrers teil. Oft berichtete er seinem Freund von den Schwierigkeiten und Zweifeln, die ihn manchmal auf diesem Übungsweg begleiteten.

Der andere, Takahashi Minoru, ging zielstrebig seinen Weg durch die kaufmännische Ausbildung, wurde Spezialist für eine innovative Produktreihe und übernahm später die Führung einer Abteilung in einem Großkonzern. Oft erzählte er seinem Freund von den Anstrengungen, den Überstunden und von seinem Traum vom großen Geld.

Eines Tages hatte Takahashi eine, wie er meinte, geniale Idee. Er fragte seinen Freund:

»Tanaka, du hast mir oft berichtet, wie sehr du die Weisheit und die disziplinierte Reife deines Lehrers Rei Myo bewunderst. Du vertraust seinen Belehrungen für deine persönliche Entwicklung auf deinem Weg. Niemals hast du erwähnt, dass dein Lehrer dich daran gehindert hätte, ein Stück weiterzukommen.«

»Ja, Takahashi, so war es bisher immer. Nie habe ich etwas anderes erlebt. Erreiche oder schaffe ich etwas nicht, liegt das an mir, nicht an meinem Lehrer. So weit bin ich schon einmal. Aber da, genau da, liegt ja die große Chance, weiterzukommen – weil eben alles in mir selbst liegt. Er begleitet mich dabei.«

»Tanaka, warum komme ich erst heute darauf? Dein Lehrer ist doch schon längst da angekommen, wo du als Nächstes hinwillst!«

»Ja, und, was nützt das mir?«, fragte Tanaka zurück.

»Verstehst du denn nicht? Anstatt dich jeden Tag mit deiner – entschuldige! – blöden Sitzerei abzumühen, könntest du ihn doch fragen, was zu tun wäre, um möglichst schnell reich zu werden. Dann könntest du in Ruhe üben und bräuchtest nicht zu arbeiten, um zu studieren. Wenn dein Lehrer wirklich so weise und reif ist, dann müßte er eigentlich auch wissen, wie das geht.«

»Takahashi, selbst wenn er es wüsste – das ist gar nicht sein Ziel«, antwortete Tanaka, ohne zu ahnen, worauf sein Freund hinauswollte. Und dann hörte er es laut und deutlich, als Takahashi rief:

»Aber ich – ich wüsste es gern!«

Tanaka sagte: »Dann frag ihn doch.«

So kam es, dass Takahashi ein paar Tage später zum ersten Mal Rei Myo, den *Zen*-Lehrer seines Freundes, aufsuchte.

Sie saßen sich gegenüber und tranken Tee. Nachdem Takahashi sich zur Klarheit gesprochen hatte, fragte er einfach geradeheraus: »Rei, was müsste ich tun, um reich zu werden?«

Rei Myo lachte ein wenig und sagte dann ganz freundlich: »Takahashi, es gibt einen Ort, an dem du alles sehen kannst, was du zum Reichtum brauchst. Gerne sage ich dir, wie du diesen Ort findest. Aber es ist eine Bedingung damit verbunden. Ich bringe dich nur ein einziges Mal an diesen Ort, sei also achtsam.«

»Meister, ich weiß nicht, wie ich dir danken soll, wenn du mir hilfst, diesen Ort zu finden. Ich glaube ich würde vieles tun, um dahin zu kommen«, sagte Takahashi bittend.

»Gut, das Einzige, was du dort tun musst: Sei achtsam. Sonst nichts. Sei achtsam!«

So kam es, dass Rei Myo diesen jungen Mann, der nicht schnell genug reich werden konnte, mit verbundenen Augen über viele Straßen, Wege und Brücken und um ebenso viele Ecken und Stufen zu einem Platz brachte, an dem er sich in weichem, trockenem Moos niederlassen konnte.

Er nahm ihm die Binde von den Augen und bat ihn, sich langsam an das Licht zu gewöhnen. Bevor er sich verabschiedete, sagte er noch zu Takahashi:

»Hier in diesem schönen Garten hast du alles, was du zum Leben brauchst. Bleib hier vier Tage und vier Nächte. Du kannst deinen Reichtum sehen. Nimm ihn dann einfach mit, wenn ich dich abhole.«

Das waren die letzten Worte von Rei Myo, bevor er sich umdrehte und davonging.

Takahashi machte sich recht schnell mit der neuen Situation vertraut. Er sah, dass er in einem weiten Garten mit herrlichen Blumen und Sträuchern war. Und er erkannte auch gleich, dass es ihm an nichts mangeln würde. Vor ihm auf der Wiese stand eine Hütte, die ihm Schutz bieten konnte. Gleich daneben wuchsen prächtige Obstbäume mit saftigen Früchten, und als er sich umdrehte, erblickte er diesen wunderbaren kleinen Bach, aus dem er trinken konnte.

Takahashi verbrachte die erste Nacht mit vielen Gedanken über das, was er mit Rei Myo bisher erlebt hatte. Er bereute nicht, ihn getroffen zu haben. Am nächsten Tag setzte er sich an den kleinen Bach und badete seine Füße darin. Er genoss das herrlich klare Wasser. Er merkte auch bald, dass die frische Luft voller guter Gerüche war, und so hatte er bald sehr positive Gedanken.

Am Abend des ersten Tages begegnete ihm ein freundlicher junger Mönch. Er unterhielt sich mit ihm, fragte ihn, ob er Rei Myo kenne, und er erfuhr, dass Rei Myo dort wohlbekannt war.

In seiner zweiten Nacht versuchte er, seine vielen Gedanken zu ordnen, und er fragte sich, wann ihm wohl die große Erkenntnis kommen würde. Tagsüber saß er wieder an seinem Lieblingsplatz am Bach. Heute war ein besonderer Tag. Vögel sangen ihre lustigen Lieder, und die Sonne spiegelte sich glitzernd im Bachlauf. Wie tausend funkelnde Blitze hüpften Lichtpunkte aus den Wellen hervor, die Steine und Kiesel umspielten.

Das Lichtfeuerwerk der funkelnden Strahlen erreichte seinen Höhepunkt am Mittag, als die Sonne ganz hoch am Himmel stand. Aber auch am Abend war dieses Gewirr von hellen kleinen Blitzen immer noch zu sehen, nur dass die Farbenvielfalt jetzt noch zunahm: Rot, grün, blau, lila, gelb, gold und violett funkelte es.

Es war fantastisch. So abgelenkt war Takahashi von der Schönheit dieser unverfälschten Natur, dass er fast vergessen hätte, darüber nachzudenken, wie er reich werden könnte.

Aber schließlich hatte er ja noch genügend Zeit, sich darüber Gedanken zu machen. Und außerdem glaubte er fest an die Kompetenz eines Meisters wie Rei Myo. Der würde schon wissen, warum gerade dieser Ort ihn zu seinem Reichtum führen könnte.

So vergingen die Tage ohne Entbehrungen; Takahashi wurde verköstigt von den freundlichen Mönchen und verwöhnt von der Natur.

Er hatte das Gefühl, zu wissen, was Meditation ist. So gedankenversunken und entrückt war er wohl noch nie zuvor gewesen. Und gleichzeitig hatte er das Gefühl, noch niemals so hellwach und voller Energie gewesen zu sein, was sich auch in den vielen guten Gesprächen mit den Mönchen zeigte.

Am vierten Tag kam Rei Myo, um ihn wieder aus diesem kleinen Paradies hinauszuführen. Bevor er ihm für den Rückweg die Augenbinde gab und ihn bat, sie anzulegen, fragte er:

»Möchtest du noch etwas mitnehmen, Takahashi, eine Frucht, eine Blüte oder sonst etwas?«

»Nein, Meister«, sagte Takahashi, »letztlich hält doch nur die Erinnerung. Aber eines weiß ich jetzt immer noch nicht: Wie kann ich reich werden?«

Rei Myo gab ihm die Augenbinde und sagte sehr freundlich: »Komm jetzt, laß uns gehen.«

Lange danach, es war mehr als ein Jahr vergangen, erfuhr Tanaka, dass sein Freund, der so gern reich werden wollte, vier Tage und Nächte in einem Klostergarten verbracht hatte. Dieser Garten, mit seinem wunderschönen Bach darin, war dem Kloster vom reichsten Fürsten des Landes geschenkt worden. Der Grund des Baches, in dem Takahashi so gerne seine Füße badete, war mit reinen Diamanten übersät, die im Sonnenlicht funkelten und in der Abendsonne in allen Farben aufblitzten.

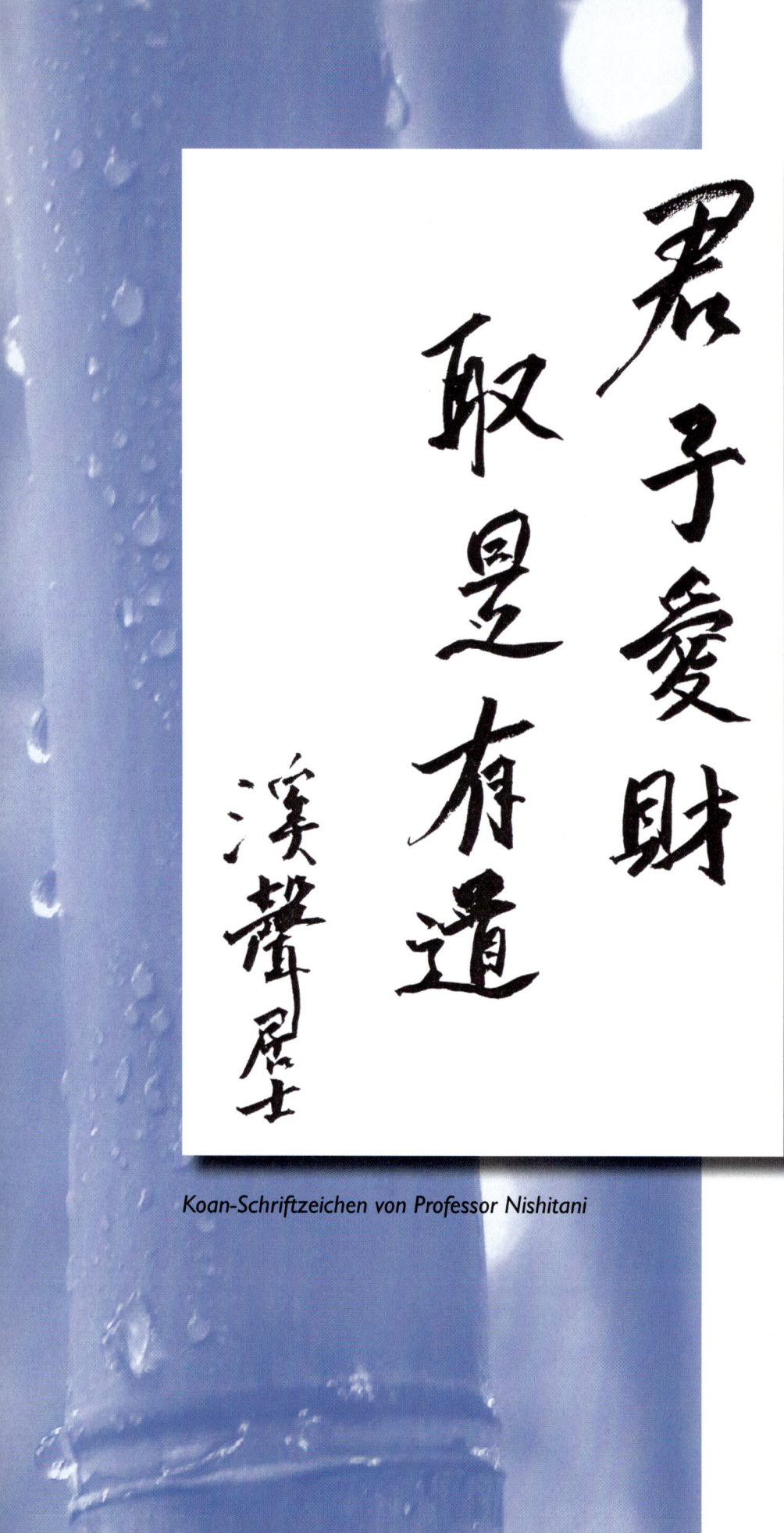

君子愛財

取是有道

溪聲居士

Koan-Schriftzeichen von Professor Nishitani

Auch der Heilige liebt Geld, aber es gibt einen Weg = Do!

Im April 1986, während der Kirschblüte, als Peter Zürn auf seiner zweiten Japanreise war, kam es zu einer Begegnung zwischen ihm und Professor Keiji Nishitani.

Ein detaillierter Bericht darüber findet sich in Peter Zürns Buch »Begegnungen auf dem *Zen*-Weg« (Aitrang, 2000). Es ist darin von einem *Koan* die Rede, welches uns hier im Speziellen interessiert.

Das Gespräch mit Professor Nishitani wird auf Deutsch und Englisch geführt, bewegt sich zwischen Sprechen, Schweigen und Schreiben hin und her. Als sie schließlich das Thema *Yen* und *Zen* ansprechen, sagt Nishitani nicht nur »ichi nyo«, was etwa »wie eines« bedeutet, sondern steht auch auf und bringt ein Buch mit einer alten Koan-Sammlung, aus dem er vorliest:

»Auch der Gentleman liebt Geld, aber es gibt einen Weg = Do!«

Den Zusammenhang mehr erahnend als erkennend, bittet Peter den Meister spontan, ihm den Satz auf ein mitgebrachtes Blatt Papier aufzuschreiben. Mit einem Griff in seinen Gürtel unter dem Kimono nimmt Nishitani ein Bambusröhrchen zur Hand, in dem, eingetaucht in Tusche, ein kleiner Graspinsel steckt. Das ist ein echter Füll-Federpinsel-Halter von größter Einfachheit und sicher viel älter als das auch in Japan sehr geschätzte Pendant von Montblanc!

So entstand sie, die Graspinsel-Tuschspur zum Geld-*Koan*, mit der sich Peter auf den Heimweg machte.

Es fügte sich gut, dass er gleich am nächsten Tag eine Verabredung mit *Hirata Roshi* hat, dem Abt des Tenryu-ji am Stadtrand von Kyoto. An einem herrlichen Frühlingstag, an dem die Kirschbäume des Klostergartens in voller Blüte stehen, begegnet Peter bei einer Tasse Tee dem Abt Hirata und zeigt ihm das Graspinsel-Schriftbild von Nishitani.

Mit einer unnachahmlichen Geste fährt sich Hirata über den mönchskahl geschorenen Schädel, lacht und äußert ohne Zögern seine Fassung des alten Koan:

»Auch der Heilige liebt Geld, aber es gibt einen Weg = Do!«

Damit hat der »Gentleman« von Nishitani noch eine Steigerung erfahren. Und Hirata fügt hinzu, dass dieser Weg eigentlich zwei Wege seien: nämlich einer, auf dem man Geld bekommt, und ein anderer, auf dem man das Geld ausgibt, es gebraucht.

Dazu meinte er noch, dass in der japanischen Politik und Wirtschaft eine ganze Reihe von Leuten den ersten Teil des Weges schon ganz gut beherrschten – während es um den zweiten Teil des Weges noch recht schlecht bestellt sei! Dabei ist Geben doch seliger denn Nehmen, nicht nur nach christlicher Lesart, sondern auch gemäß buddhistischer Bodhisattva-Tugend.

Dass gute Geschäfte zu machen Aufgabe des Geschäftsmannes ist, ist auch für den **Zen**-Meister selbstverständlich. Aber gute Geschäfte müssen auch korrekte Geschäfte sein, getreu dem Motto:

Shi kon sho sai –
»Der Geist des Samurai mit der Geschäftstüchtigkeit des Kaufmanns«.

Und Hirata fügt noch einen Auszug aus der Literatur von Shosan Suzuki hinzu:

»Alle Berufe bieten Gelegenheit zur buddhistischen Praxis. Gerade durch Arbeit können wir Buddhaschaft erlangen, wenn wir sie nur in der richtigen Weise verrichten – nämlich im Sinne des **Zen**-Weges *(Do).«*

Doch leider sind solche Fälle in der Welt der Wirtschaft und ihren materiellen Egoismen immer noch selten. Dort überwiegt nach wie vor die organisierte Selbstliebe.

Nach dem Besuch bei *Tagashi Hirata Roshi*, dem leitenden Abt von über 450 Tempeln und noch immer aktiven Philosophieprofessor in Kyoto, war die geistige Brücke zwischen der Geschäftstüchtigkeit des Kaufmanns und dem *Bushido* des *Samurai* für Peter geschlagen.

Wie aber, überlegt er sich auf dem Heimweg, können wir in Buchform mithelfen, den Weg über diese Brücke so breit zu machen, dass andere ihn ebenfalls gehen können?

Was so gesät ist, soll auch wachsen durch dieses Buch.

Professor Takahashi Hirata Roshi,
Abt von Tenryu-ji

Zen, Ethik und Wirtschaft:

Von der Weg-Kultur des Ostens zur Werte-Orientierung in der westlichen Wirtschaft

»Auch der Edle liebt Geld, aber es gibt einen Weg = *Do!*«

An diesem alten Koan-Spruch bemerken wir, wie die **Zen**-Kultur viele verschiedene Bereiche durchdringt, wie etwa den kaufmännischen.

Viele Jahre vor der Entstehungszeit dieses Koan war es der als Samurai geborene und spätere Laien-**Zen**-Meister *Shosan Suzuki* (1579–1655), der den Kaufleuten die lebenswichtige Funktion beimaß, mit dem freien Zugang zu Waren die Freiheit im ganzen Land zu fördern.

Und wörtlich lautete sein Rat:

»Ein egoistischer Mensch, der nur sein eigenes Interesse sieht und zum Schaden anderer übergroßen Profit schindet, der lädt den Fluch des Himmels auf sich. Gehe deinem Geschäft ohne Profitgier nach, dann wird der Himmel dich beschützen. Der Wohlstand wird sich einstellen, aber du wirst es verachten, nur ein reicher Mann zu sein.«

Auch bei uns in Deutschland sehen wir im Grundgesetz von 1949 die Tüchtigkeit des Kaufmanns mit edler Geisteshaltung verknüpft. Im ersten Artikel wird die Würde des Menschen als unantastbar garantiert – was nach Erich Fromm eine der kostbarsten Errungenschaften des Abendlandes ist, die in den Anforderungen an den »ehrbaren Kaufmann« ihre Fortsetzung findet.

Da wird den Kaufleuten z. B. in Paragraph 1 des Gesetzes über die Industrie- und Handelskammer die Aufgabe zugewiesen, »für Wahrung von Anstand und Sitte des ehrbaren Kaufmanns zu wirken«.

Auch bei uns geht Gemeinnutz vor Eigennutz, was in der japanischen Kultur, mit ihrer noch ausgeprägteren gemeinschaftsorientierten Gesellschaftsform als der unseren, gestern wie heute bedingungslose Gültigkeit hat.

Nehmen wir die individualistische »goldene Regel«: »Was du nicht willst, das man dir tu', das füg auch keinem andern zu«, so ergibt sich vielleicht aus der lebendigen dialogischen Beziehung zwischen der Gemeinschaft und dem Einzelnen wie zwischen den Wegen des Ostens und den Werten des Westens eine fruchtbare Symbiose für eine gelebte bereichernde Zukunft.

Der Erfolg und seine absichtsvoll geformte Gestalt im Sinne des Machbaren der »actio« steht im Westen mit seiner Materialität im Vordergrund der Bemühungen. Sich die Welt untertan zu machen, das hat man hier bis an den Rand ihres Untergangs teilweise wörtlich genommen, wodurch Ökologie und Ökonomie in einen schier unauflösbaren Widerspruch gerieten.

Anders der Osten mit seiner jahrtausendealten Kultur des Weges und der Stille, der gezielten Absichtslosigkeit und intuitiven Spontaneität, die der Spiritualität und ihrer *contemplatio* den Vorzug gibt.

Was dabei günstigenfalls aus der »Fülle des Nichts«, um mit einem Buchtitel Hoseki Shinichi Hisamatsus zu sprechen, und der raum-, zeit- und zeichenlosen Leerheit von Nagarjunas Sunjata entstehen kann, ist die »Gestalt des Gestaltlosen« (nach Hakuin).

Dass sich solche gnadenhaft aus der erlangten Schau des eigenen Wesens *(Kensho)* herausbilden kann, dazu bedarf es des Eintretens in die absolute Unumkehrbarkeit der heiligen Halle des eigenen Herzens, die vom selbstischen Ich völlig entleert ist und damit Raum hat für Alles und Nichts – und wieder Nichts.

Und weil der Mund davon überläuft, wovon das Herz voll ist, kann aus der Stille der Fülle des Nichts solch entleerten reinen Herzens eines erwachten Menschen nur das Schweigen kommen, in dem die Wahrheit wohnt – jenseits aller Worte in der erfühlten und erfüllten Wortlosigkeit eines »donnernden Schweigens« im Sinne Vimalakirtis.

»Erst wer das vollendete Nichts erschaut, ist selbst der, der da ist, und darf Frei-Schau heißen«, lesen wir im *Shodo-ka*, dem »Gesang vom Erleben der Wahrheit« des Yodoka Daishi aus dem 7. Jahrhundert.

»Frei-Schau« oder auch »Ton-Schau« bedeutet so viel wie *Kwannon* (Japan) oder *Kuan-Yin* (China), die japanische bzw. chinesische Figur des *Bodhisattva des großen Mitgefühls*. Es ist *Avalokiteshvara* (Sanskrit), der Buddha, der mit den Augen des Herzens die Stille hört – ähnlich dem »kleinen Prinzen« von Saint-Exupéry – und mit den Ohren seines ganzen Seins den Ton der Wahrheit schaut. Solche »Frei-Schau« aber entsteht nicht aus der *actio* im Willen des Verstandes, sondern aus der *meditatio* in der Absichtslosigkeit existentieller Übung in ganzheitlicher Gelebtheit.

Als Emanation der Buddhakraft des Reinen Landes hat *Avalokiteshvara* viele Erscheinungsformen. In China wird er, wie oben erwähnt, als *Kuan-Yin*, Göttin des allumfassenden Mitgefühls, verehrt und, genau wie in Japan, als weiblicher *Bodhisattva* betrachtet. Die durch Kuan-Yin wirkende Kraft des Buddha tritt als Helfer für alle Wesen hervor, die sich in akuter Gefahr befinden.

Das Einswerden in der Existenz von Weg, Wahrheit und Leben war dazu die seinsgemäße Antwort Jesu, der auch aus östlicher Sicht ein großer Bodhisattva war. Und hier im Westen sind es immer wieder die Künstler, die uns unzeitgemäß Zeitloses inmitten des Zeitstromes *(Dhamma)* verkünden, wozu Georges Braque sagt:

»Das wirklich Lebensfähige formt sich unabhängig vom Willen.« Und auch nach Paul Klee steht im obersten Kreis der Kunst hinter der Vieldeutigkeit ein letztes Geheimnis, vor dem das Licht des Intellekts kläglich erlischt.

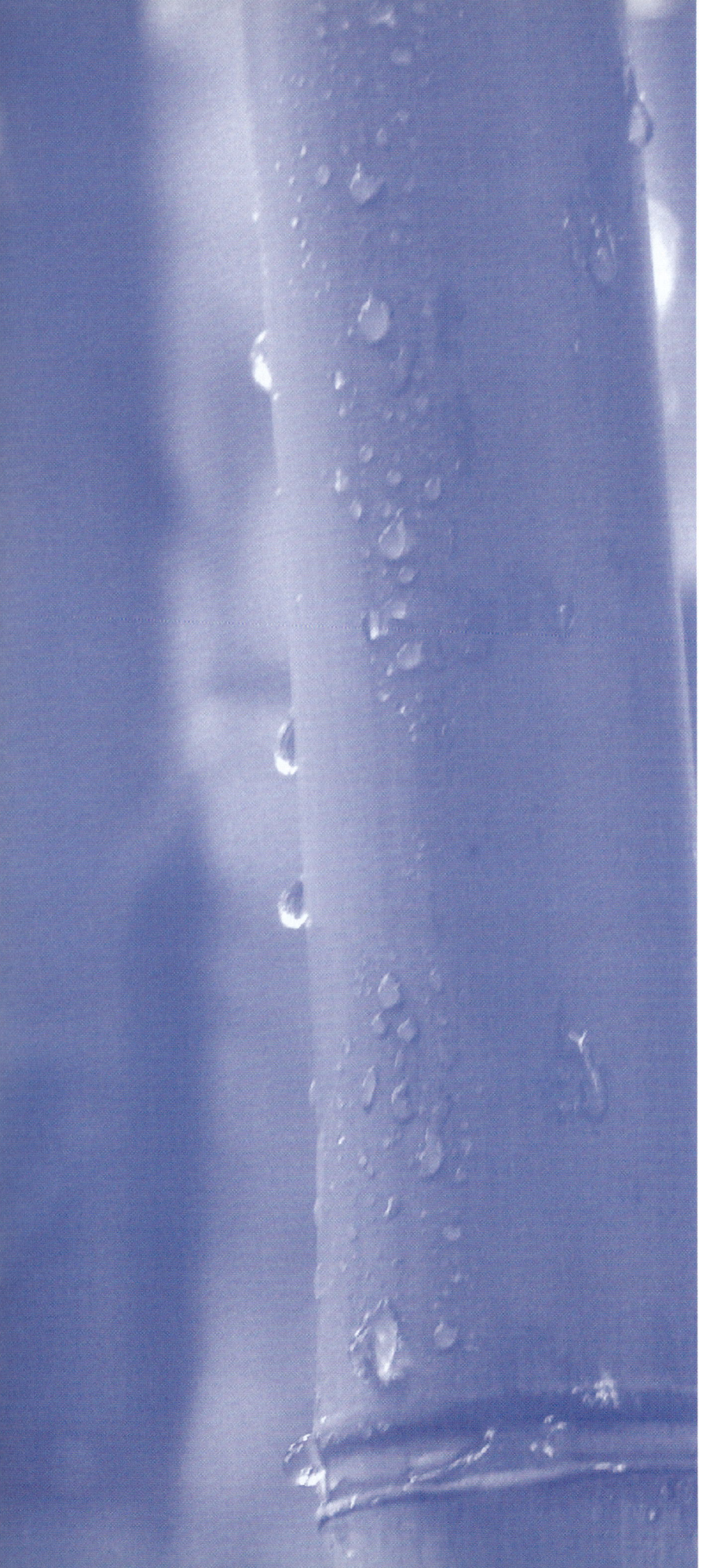

Shi-kon sho-sai

Der Geist des Samurai
mit der Geschäftstüchtigkeit des Kaufmanns

»*Bushido* – die Seele Japans« lautet der Titel des 1901 erstmalig auf Deutsch erschienen Buches von Dr. Inazo Nitobe (1862–1933), das seit seinem Erscheinen in Tokyo 1899 eine Vielzahl von Auflagen und Übersetzungen in alle Weltsprachen erfuhr. Erst spät (1948) sorgte die erste deutsche Ausgabe des 1935 erschienenen Samurai-Romans »Musashi« von Eiji Yoshikawa (1892–1962) für einen neuen Boom der japanisch-kriegerischen Thematik. Unterstützt wurde das Interesse an der »Ethik der Samurai« nicht zuletzt auch durch die klassische Anleitung zur Strategie des Miyamoto Musashi (1584–1645), wie man sie in »Das Buch der fünf Ringe« findet:

1. Habe nie arglistige Gedanken.
2. Übe dich unablässig darin, dem Weg zu folgen.
3. Mache dich vertraut mit allen Techniken und Künsten.
4. Studiere die Wege vieler Tätigkeiten und Berufe.
5. Lerne an allen Dingen, Gewinn und Verlust zu unterscheiden.
6. Entwickle deine Fähigkeit, die Dinge auf den ersten Blick zu durchschauen.
7. Bemühe dich, das Wesen auch dessen zu erkennen, was unsichtbar bleibt.
8. Vernachlässige nie deine Aufmerksamkeit auch gegenüber den kleinsten Dingen.
9. Halte dich nicht mit nutzlosen Beschäftigungen auf.

Lebenskunst und Management – Kaizen

Management ist ein schöpferischer Prozess. Harte Arbeit und situationsgebundene Eingebung bedingen einander. Wer seine Arbeit als Kunst versteht, der ergreift sie voll und ganz. So lassen sich Höchstleistungen erzielen. Erst dann, wenn man seine Arbeit zur Kunst erhebt, sind alle Möglichkeiten ausgeschöpft.

Wie sehr dies der Geisteshaltung japanischer Manager entspricht, ist der Wirtschaftswelt an der Tatsache ersichtlich, dass die großen Weltmärkte des Schiffbaus, des Automobilbaus, der Elektronik und der Optik von dort aus dominiert und verfeinert werden. Im Großen wie im Kleinen gilt die Verfeinerung als typisch japanische Lebenskunst.

Kaizen ist das Wort für kontinuierliche Verbesserung. Kaizen ist auch bei uns zum Synonym für andauernde Weiterentwicklung geworden (*kai* bedeutet: Veränderung, und *Zen* heißt: zum Besseren). *Kaizen* in der Wirtschaft ist weit mehr als eine Technik, es ist die prinzipielle und kontinuierliche Änderung im Denken und Handeln aller in die Organisation eingebundenen Mitarbeiter.

Kaizen gilt als Grundprinzip, das Miteinander von Menschen sowie von betrieblichen Abläufen in entscheidendem Maße zu verbessern. *Zen* ist das Pendant auf der individuellen Ebene zur »Lernenden Organisation«, die japanische Methode, sich persönlich kontinuierlich zu entwickeln, Selbstbewusstsein aufzubauen und die volle Verantwortung für das eigene Leben zu übernehmen.

Beide Schulungsmethoden, beide Handlungsanleitungen, beide Denkansätze haben das Ziel, den Ist-Zustand von Organisation oder Person zu optimieren und zu veredeln. Eine Grunderkenntnis heißt: »Was entsteht, vergeht.« Es gibt nicht ein einziges Phänomen, sei es materiell oder immateriell, das nicht vergänglich ist. Dies gilt für den gesamten Kosmos ebenso wie für einen einzigen Gedanken.

Positiv ausgedrückt heißt das: »Das einzig Beständige ist der Wandel.«

Im *Kaizen* entwickelt sich daraus die Erkenntnis: »Nichts ist unmöglich, aber nicht alles ist wahrscheinlich.«

Deshalb sagte der Unternehmensgründer von Toyota: »Sagen Sie nicht, es geht nicht, versuchen Sie es!«

Dass damit die Wahrscheinlichkeit, scheinbar Unmögliches möglich zu machen, immer wieder erhöht wurde, machte dieses Unternehmen zu einem der erfolgreichsten der Welt.

Zusammen besagen beide Botschaften: Zwar geht alles wieder zugrunde – aber was immer wir tun, es sollte das Bestmögliche sein. Und dort, wo das Beständige der Wandel ist, ergibt sich daraus die Konsequenz: Mitfließen!

Der englische Begriff dafür heißt: *flow*. *Flow*-Zustände sind auch das Synonym für Glück. Glücksgefühl, Hochstimmung, Freude und Ekstase können entstehen, wenn das Merkmal des *flow*, des Mitfließens, vorliegt. Biologisch gesehen werden körpereigene Glücksstoffe, die Endorphine, ausgeschüttet, wenn wir hoch konzentriert mit dem mitfließen, was wir freiwillig tun. Wie durch einen Zauber und völlig in dem aufgehend, was er tut, verfügt der Mensch im *flow*-Zustand über ein Höchstmaß an Vitalität. Ganz konzentriert, ganz man selbst und eins mit dem, was man tut, geschehen die Dinge im *flow*-Zustand nach besten Möglichkeiten zum Wohle des Ganzen.

Zen und *Kaizen* kultivieren heißt also: »Mitfließen!«

Eine intuitive Eingebung, ein guter Einfall, ist dann nicht mehr Zufall, sondern Teil des Systems. Ständige Verbesserung, Veränderung und Verfeinerung werden eine lebendige Haltung, ausgerichtet auf ein unendliches Ziel zum Besten des Ganzen.

Eine Anmerkung meinerseits als Mitautor: Wie habe ich mich gefreut, als nach mehr als 5 Jahren Trainingsarbeit für Porsche in Stuttgart endlich der Qualitätchef von Toyota und sein Team dafür engagiert wurden, die Produktion der Porsche-Automobile nach den Erkenntnissen des *Kaizen* umzustellen! Der Erfolg spricht für sich.

Mu – Die Fülle des Nichts,
von Nagaya

Zen
auf dem Weg
zur Heilung

»Zen ist nichts für dich!«

Der Sohn eines niedergelassenen Arztes war nach dem Medizinstudium erst an einer Klinik in Assistenz tätig und verbrachte später einige Jahre als Arzt für ein Hilfswerk in verschiedenen Krisengebieten der Welt. Schließlich kam die Zeit, wo er für sich die Entscheidung treffen mußte, ob er die Praxis seines alten Vaters übernehmen wollte.

Da erzählte ihm ein junger Arzt, mit dem er sich bei der therapeutischen Arbeit in einem Flüchtlingslager angefreundet hatte, von **Zen**. Dieser Freund hatte sich nach einer Begegnung mit einem **Zen**-Lehrer selbst auf den Weg des **Zen** begeben und tief greifende Erfahrungen gemacht, die sich auf ihn privat und seinen Beruf auswirkten. Allein durch wenige Gespräche in der Atmosphäre des großen Leides des Flüchtlingslagers wurde der junge Arzt so aufmerksam und interessiert, dass er seinen Freund bat, ihm eine Begegnung mit dessen **Zen**-Meister zu vermitteln.

So kam es, dass er eines Tages dem **Zen**-Mönch gegenübersaß. Sie tranken grünen Tee nach alter Sitte und überliefertem Ritual. Er berichtete dem Meister von seiner Arbeit inmitten des großen Leides und von den endlosen Schwierigkeiten, die es zudem zu bewältigen galt, und von dem fast aussichtslosen Kampf gegen die Folgen der Kriegsgewalt.

Dann wollte er vom **Zen**-Meister wissen, was denn **Zen** eigentlich sei. Der Meister reagierte sofort und ohne Zögern und wurde dabei sehr lebendig:

»**Zen** ist nichts für dich! Geh nach Hause, übernimm die Praxis deines alten Vaters, und kümmere dich um die Patienten! Das ist deine Aufgabe! Wenn du willst, treffen wir uns in einem Jahr wieder zum Tee!«

Für den jungen Arzt war diese klare, selbstbewusste Konsequenz des Meisters ein so erstaunliches Schauspiel und Erlebnis, dass er zur Nachfolge bereit war, ohne die Hintergründe zu verstehen.

Er verließ den Ort der Begegnung mit dem **Zen**-Lehrer etwas irritiert, aber leichten Herzens: Er kehrte heim und übernahm die Praxis seines Vaters.

Ein Jahr verging wie im Fluge, und der junge Arzt, der seit einigen Monaten die Praxis des Vaters führte, saß wieder bei einer Tasse Grüntee vor dem **Zen**-Lehrer und fragte ihn, was denn **Zen** eigentlich sei. Der **Zen**-Meister jedoch wollte erst wissen, was der Arzt im vergangenen Jahr getan hatte. Und so berichtete er von seiner neuen Arbeit als Hausarzt mit all seinen Problemen und Mühen rund um die Uhr.

Ganz plötzlich, wie aus dem Nichts, hörte er den **Zen**-Meister laut schimpfend und gestikulierend und mit Nachdruck sagen:

»**Zen** ist nichts für dich! Gehe nach Hause, und kümmere dich um deine neuen Patienten! Hör dir ihre Sorgen an, mach ihnen Hoffnung und Mut, führe sie zu gesünderen Einsichten, und versetze dich in ihre Lage. Besuche sie, wenn es sein muss, auch einmal privat, sprich mit ihnen über ihre Eltern und Kinder – aber mische dich nicht ein. Geh jetzt, und tu, was ich dir sage! Wenn du willst, komm in zwei Jahren wieder.«

So kam es, dass der Arzt zwei Jahre später wieder zum Tee mit diesem **Zen**-Lehrer zusammensaß. Mittlerweile hatte er seine Arbeit gut durchorganisiert, der Praxis seinen eigenen typischen Stil aufgeprägt und war ganz in seiner Arbeit als Hausarzt aufgegangen.

Sie tranken grünen Tee. Der Meister hatte extra für diese Begegnung ein schönes Rollbild, *»Do«* von Hirata Roshi, aufgehängt. In der gesammelten Atmosphäre berichtete der Arzt davon, wie er in den letzten beiden Jahren um seine Patienten bemüht gewesen war, wie er in schwierigen Situationen auch seinen alten Vater um Rat gefragt hatte und wie er so Stück für Stück den Generationenwandel gemeistert hatte. Er erzählte von seiner Vision, seine Mitarbeiterinnen auf seinen Wandel einzustimmen, und davon, wie er in neue Geräte und Methoden Zeit und Geld investierte.

Nach einer Weile schaute er den Meister an, weil er sich wunderte, dass der bisher noch gar nichts gesagt hatte.

Der Meister lächelte, und dann sagte er: »Das ist es. Der alltägliche Geist ist der Weg!« Der Meister bot ihm eine Tasse Tee an, verneigte sich leicht und sagte:

»Nächstes Mal erzähle ich dir, wenn du willst, von der Heilung der gesamten Existenz und was das für dich auf deinem Weg zum vollkommenen Arzt bedeutet.« Sie trafen sich noch im selben Jahr, und der junge Arzt erfuhr die ganze Wirklichkeit von der höchsten Vervollkommnung des meisterlichen Weges als Arzt und Therapeut.

Die Qualifikation des praktizierenden Arztes

Es gibt drei Arten von Ärzten:
unübertreffliche, besondere und gewöhnliche.

Der unübertreffliche Arzt

ist ein Buddha, der, wie es im »Mahajata Tantra« heißt, der höchste unter allen Ärzten ist, weil er Schmerzen und Krankheiten im Kreislauf der Existenz endgültig überwindet. Was das für einen Patienten bedeuten kann, betrachten wir gleich etwas genauer.

Die besonderen Ärzte

sind die großen medizinischen Autoritäten der Vergangenheit, die wegen ihrer Güte, ihres Einsatzes, ihres Forschergeistes oder ihrer Fertigkeiten Ruhm ernteten. Als Beispiel seien Paracelsus, Robert Koch, Albert Schweitzer oder Hildegard von Bingen genannt.

Die gewöhnlichen Ärzte

sind die Nachfolger einer authentischen Lehrtradition und solche, die einfach Medizin studiert haben. Das sind unter den vielen Ärzten immer noch die meisten.

Ein guter Arzt zeichnet sich durch zwei Handlungsweisen aus: gewöhnliche Handlungen und besondere Handlungen. Zu den gewöhnlichen Handlungsweisen gehören der Einsatz der richtigen Instrumente und Arzneimittel. Die besonderen Handlungen erfordern vom Arzt, sich regelmäßig in meditative Geistesübungen zu versenken und dabei unermesslich viel Liebe, Mitgefühl, Mitfreude und Gleichmut zu entwickeln. Zunehmend werden dadurch Makel, wie unvernünftiges Handeln, sinnlose Geschwätzigkeit, schädliche Kommunikation und üble Handlungen, bei ihm selbst vermindert.

Um die entsprechende positive, fürsorgliche Haltung zu erwerben, muss der Arzt in dieser Existenz den eigenen Erleuchtungsgeist entwickeln.

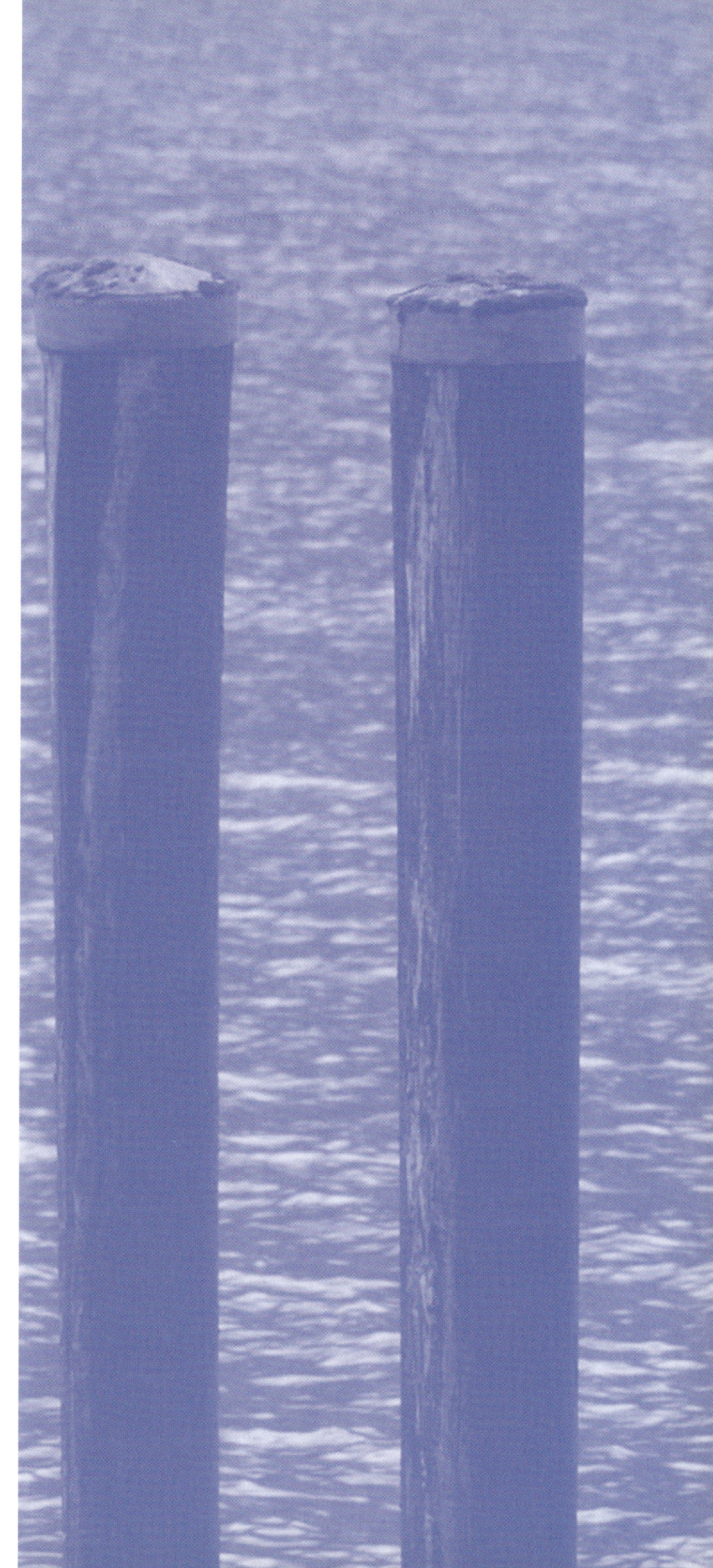

Der Erleuchtungsgeist des Therapeuten

Den entwickelten Erleuchtungsgeist erkennen wir bei einem Arzt an folgenden aktiven Aspekten:

analytische Intelligenz; eine positive, fürsorgliche, dem Wohlergehen aller Lebewesen geltende Haltung; die Einhaltung der Verpflichtungen medizinischer Ethik; Geschicklichkeit von Körper, Sprache und Geist; Ausdauer und Kenntnis der Sitten und Gebräuche

Analytische Intelligenz

Das bedeutet, dass der Arzt die knappen und die ausführlichen Abhandlungen seiner medizinischen Wissenschaften versteht. Darüber hinaus überschaut er Leben, Tod und Behandlung.

Verpflichtungen medizinischer Ethik

Es sind elf Verpflichtungen, die der erleuchtete Arzt beachtet:

Bei den ersten sechs geht es um eine Haltung des Respekts gegenüber den Lehrern, den Texten und den Mitstudenten der Medizin, um Mitgefühl für das unerträgliche Leiden der Patienten und deren Angehörigen und um Abwesenheit von Ekel bei der Konfrontation mit Eiter, Blut, Kot, Urin usw.

Dann folgen die Verpflichtung, alle archetypischen Bewahrer der Linie der medizinischen Wissenschaften als Beschützer zu verehren, und die Verpflichtung, die Instrumente als symbolische Wahrzeichen für die Lehrer zu würdigen.

Den Abschluss machen die drei Verpflichtungen, alle Arzneimittel als kostbare Juwelen, Nektar und heilige Substanzen wertzuschätzen.

Geschicklichkeit von Körper, Sprache und Geist

Neben der Einhaltung seiner Verpflichtungen muss der Arzt Geschicklichkeit entwickeln im Umgang mit seinen Händen und seinem Körper sowie im Umgang mit seiner Sprache und seinem Geist.

Daraus entsteht eine geschickte Anwendung therapeutischer Techniken, eine vertrauensvolle verbale Kommunikation mit Patienten und Kollegen ebenso wie die Kenntnis von Diagnose und Behandlung.

Ausdauer und Kenntnis der Sitten und Gebräuche

Ein guter Arzt sollte in seiner eigenen Weiterbildung und Entwicklung Ausdauer beweisen sowie auch im Dienst an seinen Patienten Geduld bewahren. Auch die Mittellosen und Armen sollte er stets voller Mitgefühl behandeln.

Wissenschaft und Spiritualität

Zur Erfüllung der höchsten Qualifikation sollte der Arzt zwischen den kurzfristigen Zielen der weltlichen Wissenschaften und den langfristigen Zielen der spirituellen Lehren unterscheiden können.

Diese höchste Unterscheidung in der therapeutischen Qualifikation beleuchten wir im Folgenden noch genauer.

Auf der Grundlage dieser Voraussetzungen wird ein Arzt schließlich alle notwendigen Ergebnisse erzielen und Ruhm ernten. Als Ergebnis wird er in diesem Leben Glück erfahren und in einem zukünftigen Leben schließlich vollständige Erleuchtung auf der Stufe unübertrefflicher Buddhaschaft erlangen.

Die natürlichen Ansprüche des Patienten an den Therapeuten

Was erhofft sich ein Patient normalerweise von einem guten Arzt?

Es sind vier Dinge, die nahezu jeder Patient von einem guten Therapeuten erwartet:

- dass er Krankheiten diagnostizieren und alle dazugehörigen Symptome beschreiben kann;
- dass er weiß, woher die Beschwerden kommen;
- dass er die Heilungsmöglichkeiten kennt;
- und schließlich dass er über die notwendigen Heilmittel und Heilverfahren verfügt, die zur Gesundung führen.

Diese vier Dinge können wir auch von einem Buddha erwarten. Nur geht ein Buddha in seinen Bemühungen noch weiter. Ihm geht es um mehr, als den kranken Körper zu heilen – er will den Menschen als Ganzes in Ordnung bringen.

Es geht um die Heilung der gesamten Existenz mit Körper, Geist und Seele.

Die Heilung der gesamten Existenz

Unsere Existenz bedarf der Heilung durch uns selbst, da unser Dasein grundsätzlich mit Leid behaftet ist.

Dies ist die unabänderliche Wirklichkeit, und daher beginnt der buddhistische Weg zur vollständigen Heilung der menschlichen Existenz mit vier Wahrheiten:

Die vier edlen Wahrheiten:

1. Leben bedeutet Leiden in Form von Krankheit, Alter, Schwäche und Tod.
2. Leben und das daraus resultierende Leiden hat Ursachen.
3. Die Aufhebung der Leidensursachen beendet auch das Leiden.
4. Es gibt einen Weg, der zur Aufhebung des Leides führt.

Wenn diese vier edlen Wahrheiten stimmen, dann schwingt in ihnen natürlich gleichzeitig eine Aufforderung an den mit, der sie erkennt:
Den Weg zur Aufhebung des Leidens gehen!

Für einen Arzt oder Therapeuten weist diese Aufforderung noch darüber hinaus auf etwas Größeres hin. Für ihn gilt:

Gehe selbst diesen Weg, und mache ihn für andere, für deine Patienten, so weit, dass auch sie ihn gehen können, und zwar bis zur vollkommenen Leidbefreiung!

Der Buddha sagt dem, der bereit ist, wie er sich befreien kann, und auch, welche Gefahren es für ihn auf diesem edlen Weg der vollkommenen Leidbefreiung gibt.

Die edle Wahrheit vom Leiden

Fragen wir uns nach der allgemeinsten Erfahrung, die wir als Mensch oder empfindendes Wesen machen können, so werden wir mit dem Buddha antworten müssen: »Leiden« *(Dukkha).*

Überall, in jeder Situation zeigen sich Unvollkommenheiten und Unzulänglichkeiten. Es gibt keine Ausnahme!

Niemals erfahren wir einen restlos zufriedenstellenden Zustand, ein Ideal, obwohl sich doch niemand etwas anderes ersehnt und alle Bemühungen in diese Richtung gehen. Dukkha, das Leiden, ist unumgänglicher Bestandteil des Lebens.

Auf dreifache Weise
begegnen wir den leidvollen Erfahrungen:

- Da wäre zuerst das stärkste und offensichtlichste Leiden in Form von Schmerzen, Unwohlsein oder unangenehmen Begegnungen. Bezogen auf unseren Körper stehen dafür »Alter, Krankheit und Tod« als die wesentlichen Mängel unseres materiellen Daseins.
Vom Standpunkt der Seele aus betrachtet bedeutet *Dukkha* (Leiden) in diesem Zusammenhang Sorge, Verzweiflung, Angst, Depression, Ärger, Trauer und all die anderen negativen Gefühle, die uns auf ganz eindeutige Weise unglücklich sein lassen.

- Der zweite Aspekt von *Dukkha* ist schon weniger deutlich, aber trotzdem jedermann bekannt:
Hierunter fallen fortwährende Mühe und Plage, Anstrengung, Arbeit und Belastung, die zur Alltagsbewältigung gehören. Sie werden aufgewandt, um Gefahren abzuwenden, um Bedürfnisse zu befriedigen und dem »Glück« wenigstens ein Stückchen näher zu kommen. Heute nennen wir das zeitgemäß Hektik und Stress.
Nie befinden wir uns in einer Situation völliger Ruhe und wahren Friedens. Wir sind zu permanenter Aktivität gezwungen. Ständig kommen neue Anforderungen und Aufgaben auf uns zu, aber auch selbst gesteckte Ziele und Herausforderungen, die uns zeitweilig belasten.

- Der dritte Aspekt des Leidens kommt noch subtiler daher, weil er erst zeitversetzt erlebt wird, dafür jedoch garantiert und unabänderlich:
Aus der äußeren Ruhelosigkeit entstehen Wünsche und die Sehnsucht nach Neuem, Besserem, Schönerem. Wir verspüren einen nagenden Hunger nach Erleben und Begegnung mit anderen. Und so sind wir ununterbrochen auf der Suche nach Befriedigung. Aber ein letztes Quäntchen scheint uns stets von wirklicher Erfüllung und Wunschlosigkeit zu trennen.

Von der Wirklichkeit des Glücks

O Menschenherz, was ist dein Glück?
Ein unverhofft geborener
und – kaum gegrüßt, verlorener –
unwiederholter Augenblick.
(altdeutsche Weisheit)

Der erwachte Buddha bestreitet die angenehmen Seiten des Lebens nicht, er leugnet nicht, dass es auch schöne Erlebnisse und beglückende Erfahrungen gibt. Eine Vielzahl seiner Lehrreden bezieht sich gerade darauf: »Wie kann ich innerhalb der weltlichen Existenz zu mehr Glück und Zufriedenheit kommen? Wie kann ich Entbehrung und Elend möglichst vermeiden?« Doch der Buddha erkennt, dass es in der Wirklichkeit einen universalen Aspekt des Leidens gibt: Vergänglichkeit!

Das bedeutet, dass die Ergebnisse trotz aller Bemühungen und Erfolge nur eine sehr begrenzte und relative Bedeutung haben. Da gibt es eben diesen einen Wermutstropfen, der den glücklichsten Augenblicken und frohesten Zeiten ihre Vollkommenheit nimmt.

Alles vergeht, nichts ist beständig und von Dauer. Genau genommen, können wir nicht einen Moment lang festhalten, was dieser Welt angehört und wozu unser Herz neigt. Das ist die Wirklichkeit.

Eigentlich weiß das auch jeder, denn jedem von uns ist klar, dass wir Familie und Besitz einmal aufgeben müssen. Auch dass schöne Erlebnisse einmal zu Ende gehen, ist die immer wiederkehrende traurige Einsicht.

Schließlich wird sogar das entschwinden, was wir für uns selbst halten und woran wir in der Regel am meisten hängen: der eigene Körper, der eigene Geist, also Leben und Erleben als solches. Man muss kein Buddha sein, um der Tatsache des Leidens gewahr zu werden sie und als Wirklichkeit zu erkennen. Das Leben beginnt mit einem Schmerzensschrei und endet oft mit Klagen. Doch es bedarf eines Erwachten, um zu erkennen, wie weit dieses Leiden reicht. Die Diagnose der »Krankheit der Existenz« ist erst richtig gestellt, wenn alle Symptome restlos beschrieben sind. Ansonsten ist eine vollkommene Gesundung ausgeschlossen und würde sich nur auf einen Zeitabschnitt im Lauf des Schicksalsrades beziehen.

Auch Glück hat einen Makel

Viele Religionen sprechen in ihrer Lehre von einem sogenannten »Jenseits« oder von einem übermenschlichen »himmlischen Dasein« – dies hat die buddhistische Lehre mit ihnen gemein.

Viele spirituelle Meister und Mystiker sprechen von der Möglichkeit der Transzendierung und der damit einhergehenden Erfahrung unvorstellbaren Wohles. Genauso spricht auch ein Buddha. Doch nur ein Buddha, ein Erwachter, nennt selbst diese Seinsweisen leidvoll und unvollkommen, weil sie wandelbar sind und wieder vergehen müssen.

Wer also nur das anstrebt, erreicht im besten Falle ein Etappenziel, erreicht nur zeitweise Linderung seiner Krankheit, aber nicht vollkommene Heilung der Existenz.

Die edle Wahrheit von der Entstehung des Leidens

Schauen wir, wie ein Buddha, tiefer in die Zusammenhänge der Existenz, so erkennen wir hinter den Erscheinungen:

Unvollkommenheit und Leiden sind bedingt.

Das bedeutet, sie haben erkennbare und benennbare Ursachen.

Mancher mag zunächst enttäuscht sein, wenn er erfährt, worin unsere negativen Erfahrungen auf keinen Fall begründet liegen: Es ist keineswegs die Gesellschaft; es sind niemals die schlechten Zeiten; es sind ebenso wenig die unglücklichen Umstände; es ist nie der unfähige Chef und auch kein böser Nachbar!

Die Ursachen dessen, was wir allgemein Schicksal nennen, liegen in uns selbst und nur dort!

Dass wir nie ans Ziel kommen, immer wieder enttäuscht werden und uns mit endlosen Unannehmlichkeiten konfrontiert sehen, liegt an unseren unerfüllbaren Erwartungen, unzähligen Wünschen und unserem unersättlichen Verlangen schlechthin. Uns dürstet nach Erleben und angenehmen Gefühlen. *Tanha*, »Durst«, nennen die Buddhisten das.

Deshalb gibt es in den Sprachen der Menschen auch kein Wort für den gestillten Durst, etwas, was dem Wort »satt« für den gestillten Hunger entspricht.

Nur wenn wir uns Äußeres einverleiben, wenn wir trinken, sind wir für kurze Zeit zufrieden. Drei Überschriften könnten wir über dieses Verlangen setzen, das uns durstig macht und gestillt werden will:

Erstens: das Haben-Wollen,

also das Verlangen nach den Sinnesobjekten.

Andere Namen dafür sind: Genusssucht, Besitzgier, Suche nach Abwechslung, Unterhaltungswunsch oder Sensationslust.

Man kann viel haben,
ohne etwas davon zu haben.

Zweitens: das Sein-Wollen,

also das Bedürfnis, etwas darzustellen.

Zu diesen vergänglichen Ansprüchen gehören: mehr, anders, besser oder größer zu sein als andere; der Wunsch, nicht unterzugehen, ewiges Leben zu besitzen oder überhaupt ein »Ich« zu sein. Es geht also um unser Ego, dem wir große Bedeutung beimessen.

Wichtiger ist es, zu sein,
als etwas zu sein.

Drittens: das Bestreben, das Gegenteil des Wünschenswerten zu zerstören.

Die dritte Spielart des »Durstes« entsteht zwangsläufig aus den beiden ersten.

Der Vernichtungsdurst richtet sich gegen alles, was unseren Wünschen in die Quere kommt. Daraus entstehen Wut, Aggression, Widerwille und alle Neigungen zur Zerstörung.

Von der Schwierigkeit des Tuns
zur Schwerelosigkeit des Seins.
Durch die Schwingung des Schweigens
zur existentiellen Tiefe der Innerlichkeit.

So werden durch Vorliebe und Abneigung die eigentlichen Krankheitserreger erkannt, die wir *Gier* und *Hass* nennen, und mit ihnen die falsche Weltsicht, die wir als *Verblendung* bezeichnen. Solange diese drei verborgenen Grundtriebe als Kräfte der Existenz wirken, bleibt der Daseinskreislauf in Gang, und *Dukkha*, Leiden, muss weiter in Erscheinung treten.

Die edle Wahrheit von der Erlöschung des Leidens

Wer die Ursachen für etwas kennt, der kann handeln.

Das gilt für jede Situation, genauso wie für das gesamte Dasein. Wir sind von Natur aus mit Gestaltungsmöglichkeiten ausgestattet. Wir können erkennen, üben, handeln, Einfluss nehmen und ändern. Im konkreten einzelnen Schicksalsfall heißt das, die Fesseln von »Sein-Wollen« und »Haben-Wollen« abzustreifen, um frei zu werden. Das Ende des Durstes ist das Ende vom Leiden und die Gesundung von der Krankheit der Existenz.

Die edle Wahrheit von dem zum Erlöschen des Leidens führenden Weg

Wer das Ziel der Heilung der gesamten Existenz erkennt und es für erstrebenswert erachtet, der muss nur noch einen richtigen und gangbaren Weg finden. Diesen Weg zu unserer vollkommenen Befreiung gibt es, und andere sind ihn schon vor uns gegangen. Es ist »der achtfache edle Pfad«, den der Prinz Siddharta gegangen ist und der ihn zum Buddha, zum Erwachten und Begründer der buddhistischen Lehre, werden ließ.

Wirklichkeit oder Täuschung?

»All die zahllosen, dichtgewebten Erscheinungen samt den tausend Erinnerungen und den zehntausend Gedanken, die du in diesem Augenblick hast:

Sie sind doch nichts als Bilder im Spiegel deines Geistes. Nun aber gilt es, auf den Grund und Boden all dessen zu schauen, was im Spiegel ist, und nicht auf die Bilder, die darin erscheinen!« (5. Ochsenbild, s. S. 28)

Soll man das glauben?

Da erheben sich doch gleich Einwände: Bedeutet das denn nicht Verzicht auf all das, was uns gerade lieb und teuer ist? Ist das nicht das Ende dessen, was den Sinn unseres ganzen Strebens ausmacht?

»Ja, genau!«, lautet die Antwort. Aber wir verzichten gern, wenn wir dadurch aufwachen aus unseren Illusionen und Gewinn und Verlust unterscheiden können. Wir geben das Anhaften an etwas auf, was wir ohnehin nie festhalten können, weil es vergänglich ist. Wir machen Platz für das Wachstum zu wirklichem Glück. Wir lassen los, was uns nie gehörte und was ohne Substanz und ohne eigenes Ich ist.

Hat man das vollständig verwirklicht, dann hat man *Nirvana* erreicht, das große Erlöschen der Geistesgifte Gier, Hass und Nichtwissen. Mit dem Erlöschen der Geistesgifte ist zugleich die Ursache der Krankheit *Dukkha* vergangen.

Was dem Unwissenden als das »Nichts« erscheinen muss, ist für den Erwachten geradezu »Alles«!

Es ist die Freiheit von Leid, Kummer, Angst und Krankheit.

Die Erwachten aller Zeiten nannten das Erlöschen der Geistesgifte: »das selige Zurruhekommen«, »das sichere Eiland«, »des Alters und des Todes völliges Enden«, »das Ende des Leidens«, »die Wahrheit«, »das sichere Ufer«, »das unbeschreiblich Feine«, »das Nieverwelkende«, »das Unsterbliche«, »das Erlesene«, »der Segen«, »der Frieden«, »das reine Land«, »der Eine Geist« und anderes …

Der Weg des unübertrefflichen Therapeuten

Dieser edle achtfache Weg ist für den zu gehen, der die Heilung der gesamten Existenzkrankheit einleiten will. Das gilt insbesondere für einen Arzt oder Therapeuten, der anderen hilft, diesen Weg zur vollkommenen Leidbefreiung zu verwirklichen.

Zugegeben, dieser Weg ist nicht einfach zu gehen – wie alle Wege, die zum Höchsten führen. Aber es lohnt sich. Ja, selbst der Versuch, ihn zu gehen, bewirkt schon Wunder für den, der ihn als Weg zur vollkommenen Heilung erkennt.

Die gute Nachricht gleich am Anfang des Weges: Dieser Weg ist unabhängig von Konfessionen oder Glaubenshaltungen. Er ist ein Trainingsprogramm zu vollkommener Gesundung durch den eigenen Geist. Dieses Trainingsprogramm heißt: **Zen**.

Jeder Arzt, Heilpraktiker, Therapeut oder Coach sollte sich diesem Weg zuwenden, um so zur vollkommenen Gesundung der Existenzordnung beitragen zu können, zum Besten der gesamten Existenz, für sich und für seine Patienten und Klienten.

Der edle achtfache Pfad für den Therapeuten

1. Rechte Anschauung

Man muss über die Existenz im Ganzen genau im Bilde sein.

Man muss um die Gesetzmäßigkeiten des Lebens wissen.

Man muss den ganzen Menschen im gesamten System sehen, um nicht blindlings ein Symptom zu bekämpfen.

2. Rechte Gesinnung

Wirklichkeitsgemäßes Erkennen führt zur Überwindung eingeschliffener und falscher Denkmuster.

Die eigenen Motive sind immer weniger von Begehrlichkeiten, Übelwollen, Rücksichtslosigkeit geprägt.

Man wird von anderen immer häufiger als lebendiges Vorbild erwählt.

3. Rechte Rede

Man lernt, angemessene Worte für das Gespräch mit Patienten zu gebrauchen.

Man verletzt nicht mehr durch das unsensible Präsentieren einer Diagnose.

Man verzichtet auf Lügen, Intrigen und alltägliches Gerede.

Man richtet keinen Schaden mehr an durch grobe Worte.

4. Rechtes Handeln

Wer angemessen handeln will, nimmt sich zum Ziel, niemanden zu verletzen oder zu töten.

Man nimmt sich zum Ziel, andere auf einen guten Weg zu bringen – einen Weg, der frei ist von Schaden für Dritte und dem Wohle des Ganzen dient.

5. Rechte Lebensführung

Hierbei geht es vor allem um die Ausübung eines moralisch unbelasteten Berufes.

Ebenso ist ein angemessener Umgang mit wohlgesinnten Menschen wichtig.

Und auch die eigene Freizeitgestaltung sollte keinem fühlenden Wesen schaden.

6. Rechte Anstrengung

Die Themen hier sind Selbsterziehung und Selbstbeherrschung.

Nur wer die guten Potentiale in sich weckt und kultiviert sowie gleichzeitig die schlechteren überwindet, kann dem Kreislauf der schlechten Gewohnheiten entkommen.

7. Rechte Achtsamkeit

Gründliche Beobachtung ist eine wichtige Voraussetzung für das Verstehen der Wirklichkeit – so erkennt man den Unterschied von Wünschen und Fakten.

Das Tieferliegende lässt sich eben nur erkennen, wenn man unter die Oberfläche schaut; das spielt oft eine entscheidende Rolle in unserer Welt der Erscheinungen.

8. Rechte Sammlung

Geistesruhe und Gelassenheit entstehen in dem Maße, in dem es gelingt, sich auf das eigene »Innen« auszurichten – das ist der Schritt von der bewegten Vielfalt zur eigenen Mitte. Mitte = Medi = Meditation.

Hoko-Ji-Tempel

Der achtfache Pfad zur Heilung der gesamten Existenz

Der »achtfache Pfad« umfasst den gesamten Heilungsprozess des Menschen. Von den acht Genesungsschritten kann keiner ausgelassen oder übersprungen werden; nur alle acht zusammen bilden eine vollständige und damit aussichtsreiche Therapie. Drei Schwerpunkte lassen sich dabei feststellen:

1. Wissen und Weisheit als Neuorientierung des Geistes. Wissen ist Macht, aber Weisheit macht mächtig.

2. Ethik als Lebenspraxis und damit angemessenes Verhalten gegenüber sich selbst und anderen sowie der zu schonenden Welt.

3. Meditation als Mittel tieferen Erlebens und innerer Kultivierung aus der Ruhe des Geistes.

Nur ein Traum oder Realität?

Gibt es das? Einen solchen Menschen, einen solchen Therapeuten oder Coach, einen Patienten oder Klienten, der dafür reif ist?

Wenn du wissen willst, ob es das gibt, dann tritt in die *Zendo* ein, und übe *Zazen*!

Rei Getsu – Der den Mond liebt

Ein junger Mann wollte in ein *Zen*-Kloster eintreten, um Mönch zu werden. Er ging früh am Morgen dorthin und trug seinen Wunsch auf der Treppe zur Pforte vor.

Der Mönch, der ihn dort empfangen hatte, verneigte sich freundlich vor ihm und sagte: »Ich werde deinen Wunsch im Tempel vortragen, warte hier.«

Am Abend kam der Mönch wieder und brachte eine Matte und eine Decke und sagte: »Hier, für die Nacht. Ich habe deinen Wunsch beim *Roshi* vorgetragen. Warte noch.«

Erst am vierten Tag kam der Mönch zu ihm und sagte:

»Komm jetzt, du wirst erwartet.«

Der junge Mann bekam später den Mönchsnamen »Rei Getsu«, was soviel heißt wie »Der den Mond liebt«, weil er in den drei Nächten des Wartens den Mond bestaunt hatte.

Rei Getsu wurde ein guter Mönch, voller Weisheit und Liebe.

Saidan Oi Roshi bei einer feierlichen
Zeremonie im Hoko-Ji

Praxisanleitung für die Zen-Übung

Korais Tochter Inga (Tschampa Lamo) im Hoko-Ji-Tempel in Okujama bei Hamamatsu unter der Leitung von Saidan Oi Roshi

Form in Freiheit

Das *Zen*-Training ist auf der Geistesebene gewissermaßen ein »alchimistischer Prozess«, der unreines Erz zu Gold verwandeln soll, also das Niedere zum Höheren transformiert.

Das Erz wird da gesucht, wo es ist: in der noch unreinen Erdmasse. Hat man es gefunden, wird es so lange durch Feuer und Abkühlung und erneute Erhitzung geläutert, bis immer reiner das Gold zutage tritt.

Und im wahrsten Sinne sind es Kälte und Hitze, die zur Läuterung führen, wenn in der eisigen Winterperiode die Mönche und Nonnen bei offenen Fenstern und Türen Stunde um Stunde, unter Schmerzen in stiller Meditation sitzen oder wenn sie im Sommer sengende Hitze und Schwärme von lästigen Mücken ertragen und wieder und wieder durch den Leiter der Meditationshalle angehalten werden, sich in ihr *Koan* zu vertiefen.

Da der Mensch durch *Denken, Reden* und *Handeln* in dieser Welt agiert, sind es auch diese drei Aspekte, die Ansatzpunkte für die Transformation bieten.

Das Denken wird direkt konfrontiert mit dem *Koan*.

Das Koan ist ein Paradoxon, das der Lehrer dem Schüler zur Lösung aufgibt. Ein klassisches und bekanntes Beispiel ist das *Koan* »Ton der einen Hand« von *Zen*-Meister Hakuin. Es lautet:

»Wenn man in die Hände klatscht, gibt es einen Ton. Das ist der Ton der beiden Hände. Was ist der Ton von einer Hand?«

Rational, mit dem Intellekt, ist diese Frage nicht zu beantworten. Es gibt jedoch eine Auflösung dieses scheinbaren Unsinns. Hat man erst einmal die Lösung, dann ist man sich ihrer Wahrheit ganz gewiss. Bis jedoch dieser Punkt der tiefen Erkenntnis erreicht wird, ist es oft ein langer und schmerzhafter Prozess des Geistestrainings, der durch viele Zweifel und Verzweiflungen führt.

Mit dieser Art des Eintritts in die Wirklichkeit ist eine neue Art des Denkens verbunden: ein äußerst direktes, spontanes und kreatives Denken, das im *Zen* das »Denken des Nichtdenkens« genannt wird. Diese Art des Denkens ist nicht mehr nur analytisch oder konstruktiv, sondern darüber hinaus ein intuitives Erfassen der Wirklichkeit, so wie sie ist, und zwar ohne jede Trennung davon.

Die *Sprache* wird unmittelbar konfrontiert mit dem Schweigen und Rezitieren von *Sutren*. Sprechen im Alltagsbewusstsein ist ja nichts anderes als die Äußerung von Gedanken. Da aber das Gedankenäußern den Sprechenden von der Wirklichkeit trennt, weil es in dem Moment des Sprechens Subjekt und Objekt gibt, heißt die *Zen*-Konsequenz daraus:

»Wenn nicht denken, dann nicht reden, und wenn nicht reden, dann nicht denken.«

Statt des üblichen Geplappers wird im *Zen*-Training geschwiegen und rezitiert. Meistens werden für diese Übung alte überlieferte Texte genutzt, deren Bedeutung in erster Linie in ihrer Funktion als Mantra liegt. Über diese mantrische Wirkung aus Rhythmus, Rezitationsfluss und verborgener Information erschließt sich dann die Wirklichkeit und Wahrheit, wodurch im Rezitierenden eine neue Atmosphäre entsteht. Der intellektuelle Gehalt eines Sutras ist also nur der »Fingerzeig zum Mond«, die Rezitation als solche jedoch lässt einen neuen Kosmos entstehen – immer wieder neu.

Das *Handeln* wird geradewegs konfrontiert mit der Form.

Form findet sich im *Zen*-Training in der Haltung. Die Aufforderung ist: immer Haltung bewahren. Durch die Haltung entsteht eine eigene meditative Atmosphäre im Übenden: Dem aufrechten Stehen und Sitzen folgt die aufrechte Geisteshaltung. Verbeugungen sind Haltungen der Dankbarkeit und der Demut, das Zusammenführen der Handflächen ist einend, auf Ansprache unmittelbar zu reagieren ist wache Geisteshaltung. Handlung und Haltung sind eins.

Die Konsequenz aus diesem dreifachen Frontalangriff auf Denken, Reden und Handeln ist:

Im Laufe der Jahre des Trainings werden Denken und Handeln eine Einheit. Der *Zen*-Mensch denkt, was er tut, und tut, was er denkt. Er lernt und lehrt mit dem Körper. Er erfasst die Wirklichkeit unmittelbar mit dem Herzen. Dann ist reden mehr als »Reden über etwas«, dann spricht die Existenz – so wie bei Nagaya Roshi, wenn er sagt:

»Beim Sitzen nur sitzen,
beim Essen nur essen,
beim Sprechen nur sprechen,
beim Lachen nur lachen,
dann üben Sie Zen.«

歩々是道場

Ho Ho Kore Dojo –
Schritt für Schritt, das ist der Weg

Geisteshaltung

Die Geisteshaltung beim *Zazen* ist Wachheit. Erkenntnis entsteht nur in einem wachen Geist. Aus diesem Grunde heißt der *Buddha* auch »der Erwachte« (nicht der »Verträumte« oder »Verschlafene«).

Die Geisteshaltung soll aufmerksam, kühl, beobachtend, hell und klar sein. Es ist eine Aufmerksamkeit voller Kraft. Sie gleicht eher einem Tiger als einem Schaf. Noch einmal ganz deutlich:

Es geht niemals darum, sich warm und wohl zu fühlen oder auf hoher Ebene zu dösen oder in die Vergangenheit abzudriften oder von der Zukunft zu träumen. Es geht um Wachheit in diesem Moment. Es ist die gesammelte Aufmerksamkeit eines Schwertkämpfers vor dem Kampf um Leben und Tod.

Diese Wachheit nennt man *Zanshin*.

Wenn du dich zur Meditation hinsetzt, dann fange sofort und ernsthaft an, diese Geisteshaltung einzunehmen. Sei dynamisch bei der Verwirklichung dieses Geisteszustandes, und erhalte die einmal gewonnene Verfassung während der gesamten Meditationsphase aufrecht.

Atembetrachtung

Die Übung für Anfänger, aber auch für Fortgeschrittene zu Beginn jeder Meditation, ist die Atembetrachtung. Mit ganzer Kraft und Hingabe ist dabei die eigene Achtsamkeit auf den Atem gerichtet.

Zu Anfang atmest du mehrmals tief aus, machst dich leer, richtest und streckst den Oberkörper. Den Bauch wölbst du dabei etwas nach vorn. Dort hinein soll der Atemzug erfolgen: Du atmest ins *Hara* hinein. Wenn du ganz ausgeatmet hast, spüre, wie der Atem einströmt. Lass das ganz natürlich geschehen. Es soll ein sanftes Strömen sein, ohne Stocken. Unbeeinflusst strömt der Atem ein und aus, nur vom Bewusstsein verfolgt. Nichts machen, nur beobachten, »es atmet«.

Spüre das Einströmen des Atems an der Nasenspitze, das Kühlwerden der Nase, das Weiterwerden der Brust beim Einatmen, der Augenblick, wenn der Atem durchs *Hara* fließt, die Umkehr der Atmung und das Ausströmen, das Warmwerden der Nase beim Ausströmen der Atemluft.

Dann zähle von eins bis zehn: auf eins ein-, auf zwei ausatmen und so bis zehn zählen. Wenn ein anderer Gedanke dazwischenkommt, bevor du bei zehn bist, fange einfach sofort wieder bei eins an.

Wundere dich nicht, und verurteile dich nicht selbst, wenn das schwierig ist, denn das ist es wirklich. Gedanken, Bilder und Gefühle dürfen da sein; lass sie einfach kommen und wie eine Wolke am Himmel vorbeiziehen.

Die fortgeschrittene Übung ist, nur das Ausatmen zu zählen, von eins bis zehn. Übe das als weitergehende Übung genauso intensiv wie die Übung für Anfänger, bis du es beherrschst.

Danach – in der dritten Stufe – betrachte nur noch den Atem, ohne zu zählen. Lege wieder alle Kraft, deine ganze Aufmerksamkeit, in diese Übung des Atembetrachtens.

Du wirst dabei ganz neue innere Räume entdecken.

Umgang mit Störungen

Immer wieder werden Gefühle, Bilder, Gedanken, Erinnerungen, Bewertungen, Stellungnahmen und Einfälle deinen Geist von der Übung der wachen klaren Wahrnehmung ablenken. Das ist normal.

Das Ziel ist, sich diesen Gedanken und Willensregungen nicht mehr auszuliefern, davon unabhängig zu werden und sich nicht mehr ablenken zu lassen. Behalte den Standpunkt des wachen Beobachters bei.

All diese Störungen mögen kommen – lass sie einfach wieder gehen.

Wenn also während einer Sitzübung Gedanken auftauchen, die dich kurzzeitig fesseln, dann macht das nichts. Mach einfach weiter mit der anschließenden Atembetrachtung.

Probiere auch mal dies – sag dir: »Aha, da ist ein Gedanke«, und kehre dann zurück zur Betrachtung deines Atems.

Genauso gehst du mit Störungen von außen um – seien es Geräusche, Gerüche oder Objekte, die im Blickfeld auftauchen. Nimm sie wahr, und lass sie ganz entspannt weiterziehen.

Wichtig ist nur, dass man für sich entschieden hat, dass alles, was im Bewusstsein auftaucht, kein störender Grund zum Abbruch ist, sondern nur Teil der Wirklichkeit. Einfach die Aufmerksamkeit zurückholen und weiterzählen.

Nichts erreichen

Vor allem anderen ist die Zeit der Meditation frei von Nützlichkeitserwägungen. Es geht nur darum, die Haltung des **Zazen** einzunehmen und ein klares Bewusstsein zu entwickeln. Nichts erreichen wollen, nichts erwarten, nichts erhoffen, nichts erwägen, das ist die Haltung des **Zazen**.

Fürchte aber selbst dann keine Schäden, wenn dir einmal die Knie schmerzen. Irgendwann einmal wirst du erfahren, was die Meister aller Zeiten vor dir auch erfahren haben. Allein der Versuch bewirkt manchmal schon ein Wunder.

Übergang zum Alltag

In der Übung wird sich im Laufe der Zeit Achtsamkeit, Stille und Freude entwickeln. Achte und erkenne diese innere Atmosphäre. Und wenn die Übung beendet ist, lege die Hände zusammen, verbeuge dich, und lass ganz bewusst ein Gefühl der Dankbarkeit in dir entstehen. Erhebe dich, tritt vor die Sitzmatte, und verbeuge dich dort noch einmal. Nimm das Gefühl der Dankbarkeit und Freude mit in den Tag.

Lass dich am Abend von diesen guten Gefühlen in den Schlaf begleiten.

Übung in der Gruppe

Selbst wenn die Zeit, die du für deine *Zen*-Übung eingeplant hast, nur kurz sein sollte, wird es dir, wie anderen auch, schwerfallen, diese täglich einzuhalten. Es ist gar nicht leicht, täglich 15–30 Minuten für die Geistesschulung abzuzweigen.

Ein Grund dafür ist, dass die *Zen*-Übung erst nach einiger Zeit ihre wohltuende Wirkung entfaltet, doch bereits zu Beginn schonungslos die Schwächen des eigenen Geistes aufdeckt und Unruhe oder Trägheit offenlegt. Deshalb gilt die Empfehlung, zu zweit oder in der Gruppe zu üben. Das fällt am Anfang leichter. Die Energie scheint sich zu potenzieren, wenn mehrere gemeinsam üben.

Noch besser: Schließe dich einer *Zen*-Gruppe an. Adressen dazu gibt es bei der BDU unter:

www.buddhismus-deutschland.de

Zen-Geist im Alltag

Die wahre Praxis des *Zen*-Geistes beginnt, wenn man sich vom Meditationskissen erhebt und in den Alltag geht.

Der *Zen*-Geist soll zunächst im stillen Sitzen entstehen und sich dann langsam und kontinuierlich entfalten. Später stabilisiert sich diese Erfahrung und lässt sich nach und nach über das Sitzen hinaus in den bewegten Alltag tragen. Was immer einem dort auch begegnet, sei es an Menschen oder Situationen, bietet die Möglichkeit, den *Zen*-Geist auf die Probe zu stellen und weiter zu kultivieren. Es ist der Geist des Wachsens und der Verfeinerung.

Wo immer man auch ist, es ist genau der Ort, an dem man üben kann. Das *Dojo* (japanisch für Übungshalle oder auch »Wegort«) ist überall. Man versäumt also keine Zeit, weil das *Zen*-Training zu jeder Sekunde gerade neu beginnt.

So wie alles und jedes die Möglichkeit zum Üben in sich birgt, so ist später dann, bei einem gereiften und erwachten Geist, alles und jedes Gegenstand des permanenten Geistesblitzes – oder wie Dogen Zenji sagt:

»Sich selbst vergessen heißt von allen Dingen erleuchtet werden.«

Mitten in der Wirklichkeit

Bitte lehne dich, während du dies gerade liest, einmal kurz zurück, und schau dich um.

Ist das der Ort? Ist das die Zeit? Ist das die Tätigkeit? Ist alles so, wie du es dir wünschst? Lebst du in deiner Welt?

Das **Zen**-Training verhilft dir dazu, mitten in der Wirklichkeit zu sein – und zwar in jeder Situation, so, wie sie sich um dich geformt hat. Der Schlüssel zu dieser Geisteshaltung ist folgende Einstellung:

»Das Leben ist ganz einfach! Befreie dich vom Wählen und Anhaften.«

Das bedeutet, sich bewusst dem Lebensstrom anzuvertrauen und mitzufließen. Es ist der Geist des unaufhaltsamen Wechsels der fließenden Phänomene. Dieser Geist ist wie Wasser: Er kann in jede Form fließen, sie ausfüllen und auch wieder verlassen, um in eine neue Form zu fließen.

Der **Zen**-Geist passt sich der jeweiligen Situation der Wirklichkeit an, füllt sie aus und fließt in eine neue Form. Weder sträubt sich Wasser, eine neue Form anzunehmen, noch, eine alte Form zu verlassen. Der entsprechende Geist wird in einem japanischen **Zen**-Kloster entwickelt, dadurch, dass die jungen Mönche von früh um 3.30 Uhr bis abends um 23.00 Uhr fast ununterbrochen auf Trab gehalten werden.

Sie müssen sich in Windeseile anziehen, zum Rezitieren in einen anderen Tempelbereich rennen, dabei in Höchstgeschwindigkeit eine steile Holztreppe, die nur schlecht beleuchtet ist, hinunterrasen. Sie müssen die Holzplanken im Kloster blitzsauber wischen, in Eiseskälte oder brütender Hitze in Stille meditieren und auf staubigen Straßen auf Bettelgang *(Takuhatsu)* gehen. Sie werden zu einem alten Lehrer zur Einzelunterweisung gerufen, oder aber sie müssen gemeinsam hart im Klostergarten schuften.

Die einzige Chance, in Gelassenheit zu überleben, besteht darin, sich diesem Leben hinzugeben. Sobald sich der Gedanke regt: »Ich will nicht«, oder: »Ich hätte es gerne anders«, wird man scheitern. Das Problem ist nicht, den Anforderungen gerecht zu werden, das Problem ist einzig und allein das Ich, das es gern anders hätte, als es gerade ist.

Sobald dieses Ich nicht da ist (Ichvergessenheit), befindet man sich im Fluss des kontinuierlichen Klostergeschehens – und es gibt kein Leiden. Die Einsicht daraus ist:

»Wo es mich nicht gibt, sind keine Probleme.«

Zen-Meister Dogen Zenji hat es präzise ausgedrückt:

»**Zen** üben heißt sich selbst vergessen; sich selbst vergessen heißt von allen Dingen erleuchtet werden.«

Der selbstvergessene Geist ist der fließende Geist. Er sträubt sich nicht und hält nicht fest. Und genau das wird im **Zen** trainiert – im stillen Sitzen wie auch in der äußerst dynamischen Bewegung.

Wie aber steht der Geist mitten zwischen Ablehnung und Festhalten? Es ist eine Haltung der Tatkraft und des vollen Einsatzes.

Eine **Zen**-Aufforderung lautet:

»Ein Tag ohne Arbeit ist ein Tag ohne Essen.«

Erfüllte Wirklichkeit heißt im **Zen**:

Wirken lassen und selber wirken oder die Wirklichkeit ergründen wie auch selbst begründen. **Zen** in der Arbeit oder im Handeln bedeutet die völlige Hingabe an die Aufgabe – energisch, unermüdlich, Selbst-vergessen. Genau dort, wo das Selbst vergessen ist, bleibt nur noch Aktion und Dynamik. Das sind die Augenblicke, in denen man alle Kräfte der Welt in sich spürt, sich gewiss ist, dass man die Kraft hat, jedes erstrebenswerte Ziel zu erreichen, ohne Mühe, glasklar und ganz still.

Es sind die Momente reiner Energie, Inspiration und Freude. Es ist ein Handeln, das frei ist von Vergangenheit und Zukunft, absolut präsent im Moment und äußerst zupackend.

Es geht nur darum, heute, einfach nur heute zu leben, mit voller Energie seine Arbeit zu tun ohne jedes Schielen nach möglichem Gewinn. Es ist die Gewissheit, dass man bei einer solchen Handlungsweise die notwendigen Ursachen dafür setzt, die entsprechenden Früchte reifen zu lassen. Wer jetzt seine Aufgabe zu einhundert Prozent erfüllt, dem wird sich die Wirklichkeit in entsprechender Weise erkenntlich zeigen, mit mehr als tausend Geschenken. Ursache und Wirkung sind eins, und jeder nimmt so viel mit nach Hause, wie er gegeben hat.

Nagaya Roshi sagt:

»Echtes *Zazen* ist echtes Leben – das ist eine Kunst! Der Beruf muss wie ein Kinderspiel sein, so leicht muss er einem fallen. Was von selbst kommt, ist immer das Beste! Man muss ganz demütig werden, aber aufrecht. Das echte Ich muss da sein – wach sein!«

Praxisanleitung für die Zen-Übung

Nachfolgend geben wir einige Hinweise, Tipps und Anleitungen für Leserinnen und Leser, die es mit dem *Zen* ernst meinen.

Wenn du also in Betracht ziehst, mit der täglichen Praxis der *Zen*-Übung zu beginnen, dann bist du selbst schuld. Das dürfte dir klar geworden sein, wenn du bis hierher alles gelesen hast. Und in voller Selbstverantwortung wäre dies für dich der Beginn einer weiteren wunderbaren Entwicklung zum Besten des Ganzen.

Im Anfang liegt das Ende, und damit nun niemand, der mit der *Zen*-Praxis beginnen möchte, dadurch in die Irre geht, dass sich bei ihm beispielsweise schwer korrigierbare Fehler einschleichen, geben wir nachfolgend einen Überblick über das, worauf es ankommt.

Eines gleich vorweg: Dieses Buch kann und soll niemals eine Unterweisung durch einen *Zen*-Lehrer ersetzen – mit Sicherheit reicht es aber für die ersten Schritte aus.

Auf den nächsten Seiten findest du eine Vielzahl von Empfehlungen, bitte suche dir nur das heraus, was dir zunächst angemessen erscheint.

Meditation soll für dich eine Quelle der Freude sein, deshalb ist es gut, wenn du erst einmal Anweisungen übernimmst, die du gut in dein Leben integrieren kannst. Schritt für Schritt kann dann eine persönliche Erweiterung erfolgen.

Herzlich willkommen in der Zukunft, die gerade beginnt!

Vorbereitung

Bevor du die typische Sitzposition einnimmst (siehe Sitzhaltung), stelle sicher, dass die Atmosphäre es deinem Geist ermöglicht, ruhig, gelassen und vor allen Dingen frisch zu sein.

Öffne ein Fenster, auch wenn es gerade schneit. Lass frische Luft herein, mach leichte Gymnastik; Tanzen oder Hüpfen ist auch gut. Nimm eine Wechseldusche, mach einen Kopfstand, oder tanke eine Runde Sauerstoff draußen in der Natur. Auf jeden Fall solltest du vor dem *Zazen* weitgehend nüchtern sein, also spätestens eine Stunde vorher nichts mehr gegessen haben. Das Mittel der *Zen*-Mönche für einen frischen Geist ist eine Kanne heißen grünen Tees.

Diese Einstimmung vor dem *Zazen* kannst du durchaus als Ritual begreifen, und du kannst es auf deine ganz persönliche Weise handhaben. Eine immer wiederkehrende Art der Vorbereitung stimmt auf die zentrale Übung ein.

Es bleibt jedem selbst überlassen, wie er sich zu Hause vorbereitet – ob mit Gymnastik, Duschen, Teetrinken, oder indem er sich vorher verbeugt, ein Glöckchen anschlägt, oder wie auch immer. Etwas später stellen wir dir noch ein Beispiel für ein Ritual vor. Mit der Vorbereitung jedenfalls beginnt bereits die Meditation.

Kleidung

Die Kleidung für die Meditation sollte weit und bequem sein, aus angenehmem Material und atmungsaktiv. Auf keinen Fall soll die Zirkulation des Blutes behindert werden. Wer sich angemessen anziehen will, kann sich einen japanischen Hosenrock *(Hakama)* zulegen und dazu einen weit geschnittenen Kimono tragen. Beides gibt es in Sportgeschäften, die auch Judokleidung führen, oder über einen Versandhandel mit buddhistisch ausgerichtetem Sortiment. Die Kleidung sollte dunkle Farben haben, um Ablenkung und Störung zu umgehen. Auch das Anlegen der speziellen Kleidung bewirkt bereits eine Einstimmung auf die Meditationsatmosphäre.

Utensilien

Für die **Zen**-Übung selbst ist es wichtig, eine größere, dicke Unterlage zu haben. Zunächst kann das eine Decke sein, später ein Futon, mit 90 × 90 cm Seitenlänge. Die Unterlage ist nötig, damit die Knie nicht zu hart auf den Boden gedrückt werden. Das wichtigste »Arbeitsgerät« beim **Zazen** ist das Sitzkissen. Sei achtsam, und experimentiere mit verschiedenen Meditationskissen, damit du genau die richtige Sitzhöhe für dich findest.

Statt des Kissens kann auch ein Holzbänkchen benutzt werden. Das ist beispielsweise geeignet für jemanden, der nicht gut mit gekreuzten Knien sitzen kann: **Zazen** lässt sich auch im Fersensitz auf dem Holzbänkchen üben.

Wenn dir auch das Probleme bereitet, kannst du selbstverständlich auf einem Stuhl sitzend **Zazen** praktizieren. Der Erleuchtung ist es egal, wie man sitzt.

Sinnvoll ist es, ein kleines Gefäß für Räucherstäbchen aufzustellen. Darin kann feiner Vogelsand die Stäbchen halten. Wir empfehlen, unbedingt japanisches Räucherwerk zu

Futon: japanisches Wort für Decke; der Futon fungiert in einem japanischen Bett als Matratze und ist eine relativ harte gepolsterte Matte, bestehend aus Naturstoffen wie Rosshaar, Baumwolle u.Ä.

verwenden, denn es hat einen typischen **Zen**-Geruch. Verwende nicht die indischen oder tibetischen »Rauchgranaten«, weil diese für **Zazen** zu stark sind. Neben der Anregung durch den feinen Duft dient das Stäbchen auch der Zeitmessung: Die Zeit, die es braucht, bis ein Stäbchen abgebrannt ist (20–25 Minuten), ist optimal für eine Übungssequenz.

Besorge dir auch eine schlichte Vase, in der du immer eine Blume oder einen Zweig der jeweiligen Jahreszeit aufstellen kannst.

Halte die Gefäße immer sehr sauber, achte täglich auf heruntergefallene Asche und frisches Blumenwasser.

Vielleicht findest du eine kleine Buddha-Statue, die dir gut gefällt und die du im Meditationsraum platzieren kannst.

Gerade am Anfang ist ein Zeitmesser empfehlenswert, der ein Lautzeichen gibt. Zum Ein- und Ausläuten der Sitzrunden wäre eine Glocke angemessen, die du anschlagen kannst.

Während der Übung des **Zazen** solltest du auf Musik jeglicher Art verzichten – bitte auch auf sogenannte Meditationsmusik.

Ort

Finde für deine tägliche **Zen**-Übung einen festen Platz. Am besten richtest du ihn so ein, dass du ihn spontan aufsuchen kannst. Er sollte möglichst in einem störungsfreien Bereich gelegen sein, die Ausstattung schlicht gehalten werden. Die Zufuhr von frischer Luft muss gewährleistet sein. Am schönsten wäre es, wenn der Raum Kontakt zur Natur und den Jahreszeiten ermöglichte, etwa durch ein Fenster.

Mach deiner Mitwelt klar, dass dies »dein Platz« der Ruhe und Sammlung ist, an dem du zu bestimmten Zeiten ungestört sein willst. Manchmal führt so eine Neuerung zu Irritationen oder wird belächelt, nach einiger Zeit legt sich das aber.

Hier einige Grundsätze für die Einrichtung eines solchen Meditationsplatzes:

Reinheit:
Halte den Ort immer sauber, nirgendwo soll Staub anhaften. Er soll eher kühl als warm sein.

Schlichtheit:
Dieser Ort soll eine Stimmung von Bescheidenheit, Leere und Zurückgenommenheit ausstrahlen. »Weniger ist mehr.« Besser sind alte und gebrauchte Gegenstände als neue oder protzige.

Harmonie:
Farben, Formen, Linien und Flächen sollen harmonisch aufeinander abgestimmt sein und in unaufdringlicher Asymmetrie zueinander stehen.

Stille:
Der Platz selbst soll Stille ausstrahlen. Er soll möglichst unbeeinträchtigt von Geräuschen sein. Starke Reize, sei es durch Töne, Düfte oder Farben, sollen vermieden werden.

Ist der Raum so ausgestattet, können Körper und Geist sich sammeln und ohne Ablenkung in die Meditation gehen.

Zeitpunkt

Eine sehr gute Zeit für die *Zazen*-Übung ist der frühe Morgen, gleich nach dem Aufstehen und der Gymnastik oder nach dem Frühsport und der anschließenden Dusche. Um diese Zeit ist der Geist in der Regel noch ruhig, aber schon wach. Die *Zen*-Übung bereitet ihn dann auf den Tag vor.

Ebenfalls eine sehr gute Zeit zum Meditieren ist die Zeit vor dem Schlafengehen. So kann man den Geist noch einmal beruhigen und auf einen angenehmen und friedvollen Schlaf vorbereiten.

Von zentraler Bedeutung ist die *Regelmäßigkeit*.

Einmal täglich üben, das sollte für den Anfang genügen. Wenn möglich, soll die *Zazen*-Übung stets zur gleichen Zeit am selben Ort praktiziert werden. Nach kurzer Zeit schon tritt dann Gewöhnung und Freude an der Stille ein. Den Geist so zu läutern wird dir im Laufe der Zeit zu einem genauso selbstverständlichen Bedürfnis werden wie die Körperreinigung.

Sitzhaltung

Um diese Haltung zu erläutern, haben wir einen alten Text ausgewählt aus dem Werk »Bendho-ho« von dem alten *Zen*-Meister Dogen, der ihn eigens der *Zen*-Praxis gewidmet hat:

Za-Zen-Ho

»Wenn du in Meditation sitzt, benutze ein Kissen. Sitze in voller Verschränkung. Dazu lege erst deinen rechten Fuß auf deinen linken Oberschenkel, lege dann deinen linken Fuß auf deinen rechten Oberschenkel. Du kannst aber auch in halber Verschränkung sitzen: Ruhe einfach mit deinem linken Fuß auf deinem rechten Fuß. Lege dann deinen rechten Handrücken auf deinen linken Fuß und deinen linken Handrücken in deine rechte Handfläche, wobei beide Daumenspitzen einander berühren. Strecke deinen Körper, und sitze gerade: Richte deinen Scheitel und dein Rückgrat so aus, dass du aufrecht und gerade bist. Lehne nicht nach links oder rechts, nicht vorwärts oder rückwärts. Deine Ohren sollten im Lot mit deinen Schultern und deine Nase im Lot mit deinem Nabel sein. Hefte deine Zunge vorn an deinen oberen Gaumen, und schließe deine Lippen und Zähne. Die Augen sollten richtig offen sein, weder zu weit noch zu eng. Lasse deine Augenlider nicht über deine Pupillen fallen und deinen Nacken nicht die Linie mit deinem Rücken verlieren.

Lass deinen Atem durch deine Nase gehen, schnappe nicht nach Luft, und atme ruhig, weder zu lang noch zu kurz, weder zu schwach noch zu kräftig. Körper und Geist so geordnet, richte deinen Oberkörper auf, und atme einige Male voll aus. Entspanne innen und außen. Schwinge sieben- oder achtmal nach links und rechts. Wie denkst du Nichtdenken? Nichtdenkend. Dies ist die wahre Kunst des *Zazen*. Wenn du vom Sitzen aufstehst, steh langsam auf.«

Und zum Schluss, bevor wir gemeinsam gesammelt und langsam aufstehen aus der Übung des *Zazen* mit Dogen, sei noch sein Todesvers in Haiku-Form vom 28. August 1253 angefügt:

Der Morgensonne harrt der Tau
auf Blatt und Gras
und schmilzt dahin.
Ach, wehe doch nicht so eilig,
Herbstwind über der Heide!

Ritual

Beispiel eines persönlichen *Zen*-Rituals zur Morgenmeditation

Aufstehen

- Fenster öffnen
- Teewasser aufsetzen
- Reinigung des Meditationsplatzes
- Versorgen der Blumen mit frischem Wasser
- Säubern des Gefäßes für Räucherstäbchen
- Tee fertig machen und in eine Thermoskanne füllen
- Gymnastik
- Wechseldusche warm/kalt
- Meditationskleidung anziehen
- Tasse Grüntee trinken
- vor die Meditationsmatte treten, Verbeugung, Stimmung: wach und freudig
- hinsetzen, Kerze und Räucherstäbchen anzünden
- richtige Sitzhaltung auf dem Kissen finden

Meditation

- viermal die Glocke schlagen
- zweimal tief ausatmen, Atem dabei leise ausströmen lassen
- absolut still sitzen, keine Bewegung mehr
- Augen halb schließen, Blick auf dem Boden ablegen
- Körperhaltung durchgehen und leicht korrigieren
- Nase und Nabel senkrecht zueinander, Ohren und Schultern waagerecht
- Geisteshaltung durchgehen: wach, klar, kühl, kraftvoll und dynamisch
- Atembetrachtung (*Hara*-Punkt halten)
- Atemzüge zählen von eins bis zehn
- ohne Ablenkung bleiben, nicht denken, nur Atem sein

Ende der Meditation

- viermal die Glocke schlagen

Schlussritual

- Kerze löschen
- Räucherstäbchen löschen
- aufstehen, vor die Matte treten, Verbeugung, Stimmung: wach und dankbar
- Kleidung ausziehen und ordentlich weglegen
- Tasse Grüntee trinken

Tagesbeginn

- Frühstück, Tagesbeginn nach persönlichem Usus

Tischspruch von Nagaya

Zu Beginn des Essens:

1. Denke daran, woher diese Speise kommt und wie viel Arbeit mit ihr verbunden war.
2. Iss soviel, wie du Gutes getan hast.
3. Sieh dich vor, dass du nicht zerstreut oder geizig bist.
4. Iss, um gesund zu bleiben, nicht, um zu genießen.
5. Iss, um die Wahrheit zu verwirklichen.

Beim ersten Bissen geloben wir, nichts Böses mehr zu tun.
Beim zweiten Bissen geloben wir, nur Gutes zu tun.
Beim dritten Bissen geloben wir, alle Wesen zu erretten.

So vollenden wir den wahren Weg.

Zum Ende des Essens:

Wir haben gegessen.
Wir haben neue Kräfte bekommen.
Wenn wir absichtslos sind, werden alle Wesen wunderbare Kräfte erhalten.

117

Literaturhinweise

Aitken, Robert: Zen als Lebenspraxis. München 1988

Aitken, Robert: Ethik des Zen. München 1989

Awakawa, Yasuichi: Die Malerei des Zen-Buddhismus – Pinselstriche des Unendlichen. Wien, München 1970

Brandon, David: Zen in der Kunst des Helfens. München 1988

Brantschen, Niklaus: Der Weg ist in dir – Anregungen zur Meditation. Zürich 1992

Brantschen, Niklaus: Weg der Stille – Orientierung in einer lärmigen Welt. Freiburg 2004

Brück, Michael v.: Zen, Geschichte und Praxis. München 2004

Chao-Hsiu, Chen: Das buddhistische Buch der Liebe. Bergisch-Gladbach 1997

Chetwynd, Tom: Zen and the Kingdom of Heaven. Wisdom Publications, Boston 2001

Deshimaru, Taisen: ZA-Zen, die Praxis des Zen. Berlin 1975

Dogen, Zenji: Shobogenzo – die Schatzkammer der Erkenntnis des wahren Dharma. Zürich, Bd.1: 1977; Bd. 2: 1983

Leong, Kenneth S.: Jesus – der Zenlehrer. Freiburg 2000

Reps, Paul (Hrsg.): Ohne Worte – ohne Schweigen: 101 Zen-Geschichten und andere Zen-Texte aus vier Jahrtausenden. Bern, München, Wien 1976

Ryokan: Alle Dinge sind im Herzen. Freiburg 1999

Samy, Ama: Zen – Erwachen zum ursprünglichen Gesicht. Berlin 2002

Sasaki, Shigetsu: Sokei-An's Übertragung des Zen. Zürich 1983

Schloegl, Irmgard: Was ist Zen? Geschichte, Wesen und Praxis einer großen geistigen Tradition des Ostens. München 1995

Schuhmacher, Stephan: Zen. Kreuzlingen, München 2001

Sekida, Katsuki: Zen-Training, Praxis, Methoden, Hintergründe. Freiburg 1993

Shibayama, Zenkai: Zu den Quellen des Zen. Weilheim 1976

Shigematsu, Soiku: Momo erzählt Zen. Zürich 1991

Shore, Jeff: The Source of Zen: Who Transmits What? Lineage and Transmission in Zen-Buddhism. FAS Society Journal, Kyoto 1999

Shosan, Suzuki: Du wirst sterben! Der Zen-Krieger II. Frankfurt/M. 2001

Vittorio-Nünlist, Bruno: Zen in der Kunst des Singens. Zürich 1993

Watts, Alan W.: Zen, Tradition und lebendiger Weg. Aitrang 1990

Wohlfart, Günter: Zen und Haiku oder Mu in der Kunst, Haikühe zu hüten, nebst anderen Texten für Nichts und wieder Nichts. Stuttgart 1997

Wetering, van de, Janwillem: Der leere Spiegel – Erfahrungen in einem japanischen Zen-Kloster. Reinbek 1981

Bildnachweis

Aus der Privatsammlung von Dr. Peter Zürn:

Nasake – Kanjuro Shibata Sensei, kaiserlicher Bogenmacher in Kyoto, geb. 1922, lebt als Zenlehrer in USA

Bodhidharma – Seki Juho Roshi, Abt eines Waldklosters in Japan

Kuan-Yin Seki Juho Roshi

Gyo Yu Za Ga – Tetsuo Kiichi Nagaya, Zenlehrer und Roshi zu Sesshins mehrmals in Deutschland. (1895–1993)

Za, Kensho, Enso, Kissa-Ko, Jaku, Sei, Kei, Wa, Kwatsu, Mu, Ho Ho Kore Dojo, Shi-Kon Sho-Sai, Ju-Kotobuki – Nagaya

Ochsenbilder – Tomikichiro Tokuriki, Nippon Hanga Kyokai, (1902–2000)

Do – Seiko Tagashi Hirata, Abt des Tenryu-Ji-Tempels in Kyoto, studierte in Heidelberg und Berlin (geb. 1924)

Auch der Heilige liebt Geld, aber es gibt einen Weg = DO! – Prof. Nishitani Keiji

Aus den Archiven von Korai:

The sound of Hoko-Ji – IST-Art, Tschampa Lamo

Himmel und Hölle, Die wortlose Blumenpredigt des Buddha, Wut, Bonze – IST-Art, Ute Stemmann

Sei Sen An – Sotai M. Knipphals, Gingko-an, Bad Langensalza

Glossar

Advaita	Nichtzweiheit
Bendho-ho	Text über Zen von Dogen
Bokuseki	Tuschspur
Budo	Kampfkunst als Weg
Bujutsu	Kampftechnik des Kriegers
Bushido	Regelwerk, Ehrenkodex der Samurai
Chado	Teeweg
Chan (dhyana)	Versenkung
Cha-no-yu	Teezeremonie
Cha-sen	Bambus-Teebesen
Cha-zen-ichi-nyo	Tee und Zen sind vom gleichen Geschmack
Daruma	Japanisch für Bodhidharma
Dharma	Lehre, Wahrheit
Do	Weg
Dojo	Weghalle
Dojokun	Leitsätze
Dukkha	Leiden
Enso	Kreis
Gaijuin	Fremder
Gyo Yu Za Ga	Im Gehen, Stehen, Sitzen, Liegen
Haiku	Das Zengedicht
Hakama	Hosengewand
Hara	Körpermitte der Kraft
Hinayana	Kleines Fahrzeug
Hi-shaku	Bambus-Schöpfkelle

Ho-ho-kore-dojo	Schritt für Schritt, das ist der Weg
Ichi-nyo	Wie Eines sein
Isshin-Denshin	Von Herz zu Herz
Jaku	Stille
Jikijitsu	Zen-Übungsleiter
Ju	Langes Leben
Jutsu	Technische Form
Kado (Ikebana)	Der Blumenweg
Kei	Ehrfurcht
Kendo	Schwertweg
Kensho	Wesensschau
Khodo	Der Duftweg
Koan	Meditationsaufgabe
Kwatsu!	Der Schrei der Stille!
Mahayana	Großes Fahrzeug
Matcha	Teeschale
Mato	Zielscheibe
Menpeki	Sitzend meditieren
Moku-han	Schlagbrett
Mokuso	schweigende Meditation
Mu	Nichts
Munen	Nichtdenken
Nirvana	Vollkommene Befreiung
Roshi	Ehrentitel eines Zenmeisters
Sabi	Einsamkeit
Samurai	Edler Diener, Kämpfer

Satori	Erleuchtung
Sei	Reinheit
Semeryoku	Lebenskraft
Seijaku	Kraft der Stille
Seiza	Fersensitz
Shanga	Gemeinschaft
Shigi	Die vier würdevollen Körperhaltungen
Shi-kon Sho-sai	Der Geist des Samurai mit der Geschäftstüchtigkeit des Kaufmanns
Shodo	Der Schreibweg
So-desu-ka!	Ach so!
Sukiya	Weg zum Teehaus
Sutra	Leitfaden in der Lehre
Takuhatsu	Bettelgang
Tanha	Durst
Tatami	Reisstroh-Matte
Theisho	Lehrrede
Tokonoma	Teeraum
Tsure-zure-gusa	Betrachtungen aus der Stille
Ueda	Ich-Du, Doppelselbst
Upaya	Hilfsmittel
Wa	Harmonie
Wabi	Einfachheit
Waga-shin-kore-dojo!	Dein eigenes Herz, das ist die Übungshalle!
Zanshin	Wachheit
Zendo	Zen-Übungsraum

Schirner Verlag
lesen, fliegen, landen

Bücher und CDs rund um Buddhismus, Yoga und Meditation

Wulfing von Rohr
Kuan Yin
Die weibliche
Fürsprecherin im
Buddhismus
224 S., Hardcover
ISBN 978-3-89767-323-6

Gatha Wandel
Innere Weisheit
aus der Stille
Meditationen zum
inneren Licht
120 S., Hardcover
ISBN 978-3-89767-326-7

Dr. Michael Weiss
Mensch und
Management
Energiepotentiale zukünf-
tiger Unternehmen
176 S., Hardcover
ISBN 978-3-89767-186-7

Acharya Buddharakkhita
Buddhas lebendiges
Erbe
320 S., Paperback
ISBN 978-3-89767-215-4

Matta Horn
Der kleine
Zen-Garten
96 S., Paperback
ISBN 978-3-89767-085-3

Audio-CD:
Susanne Hühn
Autogenes Training
Klassische Formel-
sammlung zur Entspannung
und Ruhe
ISBN 978-3-89767-231-4

Audio-CD:
Susanne Hühn
Meditationen für
Zwischendurch
Zwei geführte Meditationen
mit Musikbegleitung
ISBN 978-3-89767-317-5

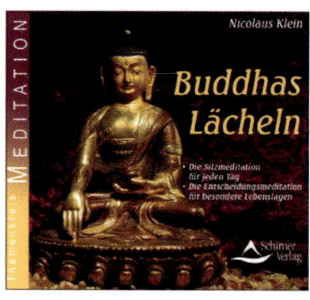

Audio-CD:
Nicolaus Klein
Buddhas Lächeln
Sitzmeditation &
Entscheidungsmeditation
ISBN 978-3-89767-176-8

Audio-CD:
Nicolaus Klein
ZEN-Geschichten
Traditionelle Meister-Schüler-
Zwiegespräche
ISBN 978-3-89767-175-1

Audio-CD:
Merlino & Arturio
Power Yoga
Begleitmusik für die
Yoga-Praxis
ISBN 978-3-89767-261-1

Audio-CD:
Heike Owusu
Progressive
Muskelentspannung
Klassische Formel-
sammlung zur Lösung von
Energieblockaden
ISBN 978-3-930944-70-5